Aprendendo a receber

E V A L D O R I B E I R O

© 2017 por Evaldo Ribeiro
© iStock.com/Juanmonino

Coordenadora editorial: Tânia Lins
Coordenador de comunicação: Marcio Lipari
Capa e projeto gráfico: Jaqueline Kir
Preparação e revisão: Equipe Vida & Consciência
1ª edição — 1ª impressão
5.000 exemplares — novembro 2017
Tiragem total: 5.000 exemplares

CIP-BRASIL — CATALOGAÇÃO NA PUBLICAÇÃO
(SINDICATO NACIONAL DOS EDITORES DE LIVROS, RJ)

R368a

    Ribeiro, Evaldo
    Aprendendo a receber / Evaldo Ribeiro. - 1. ed. - São Paulo : Vida & Consciência, 2017.
    280 p. ; 21 cm.

    ISBN 978-85-7722-545-3

    1. Pessoal - Treinamento. 2. Desenvolvimento organizacional. I. Título.

17-43353
                                            CDD: 658.3124
                                            CDU: 658.33136

Todos os direitos reservados. Nenhuma parte desta edição pode ser utilizada ou reproduzida, por qualquer forma ou meio, seja ele mecânico ou eletrônico, fotocópia, gravação etc., tampouco apropriada ou estocada em sistema de banco de dados, sem a expressa autorização da editora (Lei nº 5.988, de 14/12/1973).

Este livro adota as regras do novo acordo ortográfico (2009).

Vida & Consciência Editora e Distribuidora Ltda.
Rua Agostinho Gomes, 2.312 — São Paulo — SP — Brasil
CEP 04206-001
editora@vidaeconsciencia.com.br
www.vidaeconsciencia.com.br

Com muito carinho, dedico esta obra aos seres humanos mais incríveis do mundo, que Deus colocou no meu caminho para iluminar meus dias com suas abençoadas presenças, que são: Antonio Justino, Adriana Silva, Adauto Francisco, Alzenir Ribeiro, Constâncio Ribeiro, Eduílio Ribeiro, Edson Ribeiro, Elton Parente, Elizete Castro, Expedita Maria, Elisete Ribeiro, Flávio Ribeiro, Francisco Ribeiro, Marcelo Cezar, Maria Ribeiro Silva, Maria Diniz, Maria Eduarda, Maria Genoveva, Maria Araújo, Maria José Ribeiro, Luiz Antonio Gasparetto, Luci Abreu, Lúcio Mauro, Paulo Fonseca Marinho, Lair Ribeiro, Paulo Abreu, Lucimeire Desidério, Nazaré Ribeiro, Pedro de Alcântara, Ociran Ribeiro, Pedro Ribeiro filho, Robert Soares, Justino Martins, João Gaé, José Mário, Raimundo Ribeiro, Nilde Santana, Zilza Miranda, Zé Biú, Zeca do Engenho, Zibia Gasparetto, Silvana Gasparetto, Samira Chahine, José Deusmar, José Francisco, José Antônio Ribeiro, Tânia Lins, Telma Alves, Tayná Alves e a maravilhosa equipe da Vida e Consciência Editora, que sempre capricha na preparação das minhas obras para que eu receba o melhor da vida!

Sumário

Apresentação..	8
1. Minha história...	10
2. A mulher que dança é dona de si........................	19
3. Vai dar tudo certo...	23
4. O amor é uma obra em permanente construção..	28
5. Nada vale mais que nossa paz............................	31
6. A chave da prosperidade é a gratidão................	34
7. Vencendo o medo do sucesso.............................	39
8. Depois da tempestade vem a bonança...............	44
9. Dê o troco com uma moeda mais valiosa...........	47
10. Os anjos vêm disfarçados...................................	50
11. Seja nos outros a diferença que você busca..	58
12. Felicidade no amor e nos negócios...................	63
13. De médico e louco todo mundo tem um pouco...	70
14. Classe social não eleva o nível espiritual.........	74
15. Superando a crise existencial e a depressão...	78

16. As lições que ensinamos são as nossas próprias provas 82
17. O fruto só fica doce no tempo de Deus 89
18. Reativando o seu animal de poder 93
19. Dançando com Jesus 97
20. Quando o perdão é a solução 101
21. Rebatendo a uma crítica de maneira filosófica 105
22. Retomando a posse de si 109
23. Amor ressoante 114
24. Sucesso é quando você transmite felicidade 119
25. Ninguém muda ninguém 124
26. Antídoto para veneno de cobra 129
27. A prosperidade só entra onde há energia positiva 133
28. Ativando a lei da atração 137
29. Bondade tem limites 146
30. A palavra tem poder 153
31. Sua verdade interior constrói sua realidade exterior 158
32. Ninguém é feliz dentro de uma caixa 165
33. Bastidores do inconsciente 171
34. A discrição é o princípio da autoproteção 177
35. Você merece coisa melhor 180
36. Relacionamento como elo espiritual 186
37. Cumplicidade sim, passividade não 190
38. Enxergando as pessoas com a lente do espírito 196
39. Amor-próprio é o melhor negócio 201

40. Ouça seus diálogos internos 208
41. Aceite logo que dói menos 213
42. Ativando a sua deusa interior 218
43. Despertar, elevar-se e prosperar 222
44. Educação emocional 226
45. Deus sabe o que é melhor para você 232
46. Investindo sua força na coisa certa 237
47. Liberdade demais vira invasão 240
48. Diga-me com quem anda e lhe direi quem se tornará 243
49. Mude a sintonia e a vida muda o resultado 248
50. Saindo da acomodação e vencendo a procrastinação 251
51. Viagem interior, o reencontro consigo 253
52. Você atrai tudo o que sintoniza 256
53. O encontro com a consciência e o despertar da missão 261
54. A vida dá muitas voltas 264
55. Aprendendo a receber 269

Apresentação

É comum encontrarmos pessoas em que tudo flui facilmente para elas com o mínimo esforço. Até parece que existe algo mágico sempre movendo o fluxo das coisas boas a seu favor. Na verdade, há mesmo uma força atrativa agindo em seu benefício.

Não existe pessoa bem-sucedida por acaso. Há um segredo comportamental e uma força espiritual atuando por trás do êxito das pessoas que conseguem o que querem com mais facilidade que as demais.

É que elas descobriram o incrível poder interior que todos nós temos — o de manifestar o que desejamos — e simplesmente usam essa força criando uma realidade de abundância e felicidade em suas vidas.

Aprendendo a receber é uma obra esclarecedora com valiosas dicas, indicando o uso correto do pensamento, do sentimento e da palavra, nos mostrando, por meio de uma linguagem envolvente, divertida e emocionante que, adotando a postura adequada, atrairemos tudo o que almejamos conquistar.

Ao longo desta obra, de agradável leitura, você fará uma viagem contemplativa e descobrirá que, colocando esse conhecimento em prática, o universo corresponderá de acordo com a sua sintonia, promovendo o encontro de sua vontade com a oportunidade, possibilitando a você receber o melhor que a vida tem para lhe oferecer como consequência de suas ações e conexões.

Basta apenas usar as chaves certas e todas as portas das possibilidades se abrirão facilmente para você fluir com naturalidade, construir uma realidade próspera e feliz como você merece. Pois você faz parte de uma fonte infinitamente abundante e o real motivo de sua vinda a este mundo é manifestar seu esplendor.

I
Minha história

Eu nasci em um singelo casebre no sertão nordestino. Filho de lavradores, tive como professores as mazelas do destino. Isolado de educação, a minha única opção foi trabalhar desde menino.

Sou um ex-lavrador maranhense nascido na região rural do município de Matões. O ambiente no qual fui criado era de causar dó e partir o coração. Eu não tinha roupas, calçados nem brinquedos; o que eu vestia, muitas vezes, vinha por meio de doação. Porém, dentro do meu peito, chovia felicidade e gratidão.

Na roça eu plantava arroz, milho, feijão e semeava os meus sonhos em cada grão. De repente, vinha a seca impiedosa e devastava a plantação.

Eu entrava em desespero e a única água que caia era a dos meus olhos molhando o chão. O meu pai evitava demonstrar fraqueza e me ensinou a nunca reclamar da sorte.

Nos momentos mais difíceis ele chorava no quarto; e ria na presença dos filhos para nos transmitir uma base equilibrada. Foi diante de seu exemplo que me transformei em um ser humano mais forte.

O meu pai nunca me desrespeitou na hora de me corrigir quando eu pisava na bola. Bastava um olhar e eu já entendia que tinha dado um passo errado. Porque a formação do caráter é ensinada dentro de casa e não no banco da escola.

Ainda na adolescência, despertou em mim uma grande paixão pela área da comunicação, especialmente por rádio.

A minha vontade de me tornar radialista era tão intensa que, diariamente, quando o meu pai ligava o seu inseparável radinho de pilha, eu dizia: Um dia terei a oportunidade de ir para o outro lado deste aparelho falante e transmitir ideias inspiradoras para acalentar os corações que se encontram aflitos.

No início, muitas pessoas que sabiam do meu sonho, tiravam sarro da minha cara, riam de mim. Todavia, algo em meu interior me dava a certeza de que, se eu fosse em busca do meu objetivo, o universo iria trabalhar para que ele se tornasse concreto.

No entanto, na difícil situação na qual eu me encontrava, era praticamente impossível imaginar alguém me abrir uma porta no ramo da comunicação, ainda mais se tratando de um garoto analfabeto.

Aos treze anos, tomado pelo árduo trabalho desenvolvido na lavoura, sonhando com um futuro melhor, decidi mudar o rumo de meu destino e, mesmo sobrecarregado de obrigações, me matriculei em uma escola rural no horário noturno.

No colégio, tomei gosto pela leitura e entendi que só adquirindo cultura eu teria a chance de crescimento na área em que eu sonhava atuar profissionalmente.

Encantado com a arte da escrita, a minha sensibilidade despertou e eu passei a canalizar emocionantes mensagens, seguindo uma linha de pensamento filosófico, apontando respostas coerentes para os questionamentos da alma humana.

Contudo, devido ao cansaço do trabalho pesado desenvolvido na roça, me sentia esgotado e fui obrigado a parar os estudos ainda no quarto ano do ensino fundamental, para me dedicar apenas às atividades da lavoura.

Diante do meu afastamento da escola, meu pai compreendeu que precisava fazer alguma coisa para me inserir no ambiente cultural e, consequentemente, me oferecer um ambiente favorável.

Ele me levou para visitar um de meus primos que, sabendo da minha vocação, me convidou para morar em sua casa e estudar na cidade, me dando a oportunidade de desenvolver meus potenciais.

Meses depois, o abençoado primo me convidou para participar de um congresso de empreendedorismo em São Luís, capital do Maranhão. Naquela época, o meu patrimônio era composto de apenas duas vaquinhas e, com o objetivo de investir no meu desenvolvimento, vendi uma delas e usei o dinheiro para ir ao congresso.

Reconheço que ter ido àquele evento foi a melhor escolha da minha vida. O conteúdo que recebi foi tão valioso e transformador que a minha visão se abriu!

Apaixonado por comunicação, ao assistir àquelas emocionantes palestras, a minha alma radiante clamava para que eu seguisse a carreira de palestrante!

Durante o revolucionário evento, passei por uma limpeza emocional e mental muito profunda, capaz de despertar uma força interior que eu nem sabia ter. Ao final daquele encontro mágico de ideias inspiradoras, eu já sabia qual caminho trilhar a partir daquele instante.

Como prioridade, estabeleci um plano na mente e nada me faria abrir mão da decisão que havia tomado como missão de vida.

Eu estava motivado igual a um cavalo de corrida treinado, que não precisava mais apanhar da vida para enfrentar os obstáculos e correr na direção do pódio, ultrapassando os limites e atingindo o meu propósito.

Voltei para casa me sentindo outra pessoa, completamente transformado e fortalecido.

Naquela época, uma estação de rádio fora inaugurada em nossa cidade e meu pai me levou para participar de um programa da emissora como humorista.

Eu falei com tanta convicção que, ao encerrar a minha participação, o diretor da rádio me convidou para fazer um estágio como sonoplasta.

Não pensei duas vezes, aceitei a proposta na hora e foi assim que dei início à carreira de radialista. Afinal de contas, para quem estava a quilômetros de distância do microfone, apenas imaginando que um dia poderia usá-lo para se expressar, já estava de bom tamanho ter a oportunidade de acompanhar de perto e aprender como fazer um programa de rádio, passando para o outro lado do aparelho como eu havia mentalizado.

O tempo passou e quatro anos depois, a minha situação financeira ainda não correspondia à popularidade que o meu nome tinha alcançado na região.

Sonhando alto resolvi deixar minha terra natal, pedi demissão da rádio e contra tudo e contra todos, embarquei para São Paulo, com a esperança de realizar um ousado sonho que havia despertado dentro de mim no congresso de empreendedores: tornar-me um escritor e palestrante de sucesso.

Quando cheguei à capital paulista, fui morar com parentes na periferia da cidade. No entanto, meses depois de minha chegada, ainda desempregado, os meus familiares decidiram voltar para o Nordeste.

Mesmo sem recurso para me manter, aquele conhecimento que eu havia recebido estava gravado e vivo na minha mente como um guia do meu sonho.

Disposto a pagar o preço do meu objetivo, me recusei a voltar para o Nordeste sem concluir a minha meta, e fui morar com uma tia em uma favela na zona leste de São Paulo, onde passei por muita dificuldade.

Após uma longa travessia no escuro, vi uma luz surgir no fim do túnel, quando conheci os diretores da Rádio Mundial, uma conceituada emissora paulista na qual tive a oportunidade de ingressar como sonoplasta.

Na Rádio conheci muitos escritores e palestrantes famosos e com eles compreendi que, para realizar o meu sonho, eu precisava primeiro me preparar em comunicação para só depois poder me lançar no mercado das palestras.

Visando me aprimorar na arte de falar em público, assisti a todos os vídeos de palestrantes de sucesso, vi todas as entrevistas deles e li todos os livros sobre o assunto, buscando, incansavelmente, aprender passo a passo como se comporta um palestrante de sucesso.

Fiz cursos com os mais respeitados palestrantes da atualidade e, após minha preparação, desenvolvimento de conteúdo e postura de palco, resolvi levar o conhecimento que adquiri para a prática.

Escrevi a minha primeira palestra e a ofereci para as empresas.

Porém, depois de um longo período tentando me lançar como palestrante, não obtive êxito nas minhas investidas.

Certo dia, senti que precisava apresentar um diferencial para poder despertar o interesse dos contratantes, então criei o método de stand-up motivacional — Humor com Desenvolvimento Humano.

Com esse diferencial, tomei confiança, criei e apresentei o projeto de um programa para a direção da Rádio e, assim, fui convidado para assumir uma vaga como um dos comunicadores da emissora.

O sucesso de minhas ideias na emissora finalmente abriu caminho para eu receber os tão almejados convites para palestrar.

Dentro de pouco tempo de atuação, saí do anonimato, conquistei meu espaço, me tornando um requisitado palestrante e um dos mais queridos comunicadores da Rádio.

Como escritor, apresentei o prelo de meu primeiro livro em um caderno para a jornalista Samira Chahine, uma experiente redatora e revisora, que resolveu apostar no meu potencial.

Convicta de que eu tinha possibilidade de entrar no mercado literário, a jornalista se ofereceu para fazer a primeira revisão da minha obra e, depois da preparação, mostrou o livro para a escritora Zibia Gasparetto que, por sua vez, levou o meu trabalho para ser avaliado pelo escritor e editor Marcelo Cezar, responsável pela análise das publicações de sua editora.

Ao concluir a leitura, Marcelo Cezar imediatamente recomendou que a editora Vida e Consciência publicasse o meu primeiro romance, *Eu Creio Em Mim*. Dois anos depois, a editora lançou a minha segunda obra, *O amor abre todas as portas*.

Hoje, reconhecido nacionalmente, tenho como marca registrada o bom humor, que uso em minhas apresentações para divertir o público, transmitir ensinamentos e dicas comportamentais que provocam profundas transformações na maneira de pensar e agir daqueles que frequentam meu stand-up motivacional — Humor com Desenvolvimento

Humano, que já fez chorar de rir mais de meio milhão de pessoas no Brasil.

Enfim, é com o coração transbordando de realização que repasso tudo o que aprendi durante a minha trajetória para todos os que passam por minha vida em busca de um direcionamento para abrir seus caminhos e as portas do crescimento, porque creio que somente quem facilita a passagem de seu semelhante e compartilha a felicidade pode criar uma marca de sucesso permanente como legado, consagrando seu nome como alguém que usou os seus talentos para fazer a diferença na vida das pessoas, transformando-as em seres melhores.

2
A mulher que dança é dona de si

A mulher que dança...
Tem a autoestima muito elevada, e a sua presença marcante transmite uma energia de alto-astral;
Tem consciência de seu valor e reconhece que em si Deus guardou um tesouro como potencial;
Assume o seu poder oculto, e o seu brilho transcende além do visual;
Age com discrição, usa a sedução, domina a situação e torna-se dona da palavra final;
É bem resolvida consigo e, por ter amor-próprio a sua postura é algo atraente e envolvente, que destaca seu diferencial;
Tem mente aberta, é estudiosa, tem a alma livre e equilíbrio emocional;
Apaga a mesmice de sua aparência e a cada dia recria sua imagem jovial;
Tem a cara da riqueza, reinventa-se com um toque de esperteza e disfarça as suas imperfeições físicas com algum produto de beleza especial;

Expulsa a depressão, despacha os problemas enquanto faz a movimentação corporal;

Desperta algo mágico que reluz em seu sorriso cativante e seu olhar sensual;

Mantém a chama de sua libido acesa como fogo espiritual;

Afasta de si o cansaço da rotina, atrasa a chegada da velhice e desperta o encanto de uma delicada menina virginal;

Nutre o seu organismo com alimentos saudáveis, porque sabe que, colocando energia positiva na corrente sanguínea, ativará a endorfina, mantendo seu ânimo em estado fenomenal;

Manifesta o mistério arrebatador de sua deusa interior por meio da expressão gestual;

Anda de cabeça erguida e quando coloca um salto alto torna-se fatal;

É uma diva que usa as suas forças secretas para transmitir sentimentos elevados, e por isso, sempre atrai o que é legal;

Tem o espírito tão leve que para ela flutuar basta uma música instrumental;

Assusta porque está no comando de suas vontades e corta tudo que lhe faz mal;

Causa medo no homem inseguro porque age independente de seu aval;

Quando pessoas criticam e destilam veneno a seu respeito, apenas ignora;

Só tem ouvidos para o ritmo contagiante do chacoalhar das castanholas;

Não corre atrás de ninguém implorando por uma migalha de atenção;

Investe seu tempo em suas metas porque descobriu que é só em seu bem-estar que ela encontrará a sua realização;

Ninguém invade a sua privacidade e nem pisa no íntimo de seu coração;

Extravasa as suas angústias e conflitos no compasso de uma canção;

Transmite sinais de fertilidade por meio dos ciclos de seu corpo;

Sabe como usar o seu magnetismo para deixar qualquer homem louco;

Dispensa os meninos imaturos que tentam brincar com as suas emoções;

Viaja nos sentimentos e transporta-se até as nuvens quando ouve o dedilhar flamenco dos violões;

Tem atitude, assume um compromisso com a sua saúde, cumpre disciplina alimentar, vence a gula e o tédio com sabedoria e graça;

Deixa de ser cliente do setor de remédio das farmácias, torna-se deusa, musa e top das galáxias;

Não é objeto para realizar fantasias de homem mal resolvido afetivamente que, para satisfazer o ego, usa e extravasa, achando que seu dinheiro pode comprar dela o prazer que ele não tem dentro de casa;

Não se apresenta com o vazio objetivo de apenas despertar desejos promíscuos em homens machistas e infiéis que não honram o compromisso assumido com outra mulher e vivem uma vida paralela, na ilegalidade;

Por tudo isso, a mulher que dança é uma artista digna de respeito porque expressa a espiritualidade por meio da sublimidade.

3
Vai dar tudo certo

Evite lastimar-se ou contar problemas para pessoas que estão melhores que você; geralmente, quem está bem, foge de energia negativa.

Aprenda a criar conexão com a felicidade, só fale de coisas que elevam; às vezes, a pessoa que vai ajudá-lo é justamente aquela para quem você vai reclamar da vida; concentre a sua mente naquilo que você quer.

Saiba que seu destino é alcançar o seu sonho, mantenha o foco, faça sua parte com amor, que em breve algo maravilhoso irá acontecer em sua vida.

Tudo é uma questão de disciplina e exercício. Observe a postura das pessoas bem-sucedidas e felizes, elas estão sempre expressando gratidão por tudo que têm. E o mais curioso é que a prosperidade e a felicidade só fluem na direção de quem já tem muito. Você já notou?

Então, coloque em prática na sua vida esse conhecimento. Use sua força mental e seu poder energético de atração para captar somente o que lhe trará prazer e felicidade.

Eu sinto que você já conseguiu seu almejado objetivo. Deixe esse sentimento de certeza entrar em seu coração; você vai se surpreender com o resultado.

Para superar um desafio busque serenar o seu coração, mantenha o equilíbrio e enfrente com determinaçao a incerteza que povoa sua mente. Pois só um espírito em paz consigo pode enxergar soluções inteligentes e criar saídas assertivas para vencer os obstáculos de seu caminho.

Concentre toda a sua atenção somente em sua meta. O universo inteiro trabalha positivamente a seu favor quando você age de forma serena.

Se você estiver passando por uma situação complicada neste momento, saiba que ela vai passar. Nenhuma tempestade dura para sempre. Siga firme em seu propósito. O temporal logo vai cessar, uma luz vai surgir no fim do túnel, o tempo ruim ficará para trás e sua estrela vai brilhar.

Lembre-se de que muitas outras vezes você enfrentou momentos muito difíceis, os quais você considerava barreiras intransponíveis, mas, no final, você acabou vencendo os desafios, deu conta do recado, superou as provas que a vida lhe apresentou e surpreendeu a si mesmo com os obstáculos que foi capaz de ultrapassar.

Eu tenho certeza de que em breve o tempo fechado se abrirá, a neblina que lhe impede de enxergar um palmo diante do nariz e avançar rumo aos seus objetivos vai se dissolver e, transbordando de inspiração, fluirá de maneira natural como um rio que contorna os obstáculos, se lança no mar e torna-se uma onda de força imbatível.

Tenha determinação, encare seus desafios de cabeça erguida, ignore a dúvida, enfrente o medo, foque sua atenção no seu sonho, visualize sua meta como uma missão já concretizada, imagine-se lá onde você tanto almeja chegar.

Com essa imagem bem definida em seu interior, o universo inteiro irá se mover, criando situações favoráveis para que seu desejo se torne realidade.

Coloque um sentimento elevado em seu coração, ofereça o melhor de si em tudo que você fizer e aja na certeza de que já deu tudo certo. Porque, perante a lei do merecimento, você terá como destino a felicidade e o crescimento.

Mas não basta pensar positivo e ficar esperando que as coisas boas aconteçam em sua vida. Faça a parte que lhe cabe e deixe que o universo cumprirá a dele.

25

Se você der o seu melhor, a vida corresponderá, proporcionando-lhe o melhor.

O tempo difícil logo vai passar e tudo em sua vida entrará em ordem, ou seja, uma existência repleta de prosperidade e felicidade.

Quando Deus lhe enviou à Terra, o propósito de sua existência foi crescer espiritualmente e vencer materialmente.

Não há nada que possa impedi-lo de cumprir a sua missão de vida e ser uma pessoa bem-sucedida em tudo que você decidir fazer, exceto as limitações criadas pela mente que, usadas contra os seus planos, podem sabotar seus sonhos. Entretanto, eu creio que você já tomou consciência disso e apossou-se das chaves das portas de seu destino.

Por essa razão, eu tenho certeza de que vai dar tudo certo para você. Aliás, você já venceu tantas outras situações delicadas e não será dessa vez que sairá perdendo.

Já posso até imaginar a emocionante cena do acontecimento mágico no qual você acenderá a sua luz interior como um vulcão que entra em erupção majestosamente, mostrando todo o seu esplendor e força.

Para facilitar o processo de concretização de seu sonho, procure diariamente expressar gratidão pela sua conquista como se ela já tivesse acontecido em sua vida. Pois o universo só promove o encontro da competência com a oportunidade quando aquilo que tanto desejamos já está estabelecido dentro de nós como verdade. A sua chegada será triunfante.

Imagine a cena, deixe-se levar pela gostosa sensação desta experiência mágica que é realizar o seu sonho. Eu já vejo claramente a sua imagem sorridente, comemorando a sua conquista na companhia de pessoas incríveis.

Mesmo parecendo que sua caminhada é solitária, tenha certeza de que em nenhum momento você está só em sua jornada. Deus está no comando de tudo, atuando a seu favor nos bastidores, direcionando as oportunidades que desenvolverão em você as competências para promover seu sucesso. Novamente afirmo: Vai dar tudo certo para você. Aliás, já deu tudo certo.

A sua vida é prova clara de que você é um ser celestial que veio para este mundo trazendo em sua essência um plano perfeito e fadado a dar certo. Internalize essa ideia como verdade e deixe o sentimento de certeza tomar conta de sua presença até seu sonho se tornar realidade.

4
O amor é uma obra em permanente construção

Às vezes, duas pessoas se amam muito e sonham em construir uma família feliz, mas, quando vão morar debaixo do mesmo teto e a rotina da convivência começa a revelar os pontos fracos da pessoa amada, aquela visão de encanto, que no início da relação estava vendada pela paixão, começa a romper o véu da ilusão, mostrando o lado negativo da pessoa, oculto pela fumaça do fogo do tesão.

Observe que durante o tempo de namoro as pessoas só se beijam de olhos fechados em uma entrega absoluta, como se não quisessem enxergar mais nada uma na outra, apenas receber e sentir o melhor do ser amado que vem na delícia dos beijos ardentes.

Porém, depois que se casam, as pessoas abrem bem os olhos e começam a procurar defeito em tudo.

Nesta fase da relação passam a usar uma luneta que aumenta o tamanho de tudo que há de ruim no comportamento desagradável de quem amam, dando a falsa impressão de que uma coisa tão minúscula e boba é algo gigante, que precisa ser corrigido imediatamente a ferro e fogo.

Se a pessoa é daquele tipo implicante que quer tudo só do seu jeito, com o passar do tempo torna-se igual a um obsessor que inferniza a paciência de quem se relaciona com críticas.

A partir disso, começam a surgir a impaciência, a intolerância e as divergências que resultam em brigas idiotas e sem sentido, nas quais palavras ofensivas são ditas no calor da discussão, transformando a relação em um verdadeiro campo de guerra.

Assim, o casal se distancia e estabelece um jogo de poder e uma luta interminável para saber quem é que manda mais no relacionamento.

Esse é o seu caso?

Saiba que ainda dá tempo de reconstruir o seu relacionamento e resgatar aquele amor que adormeceu por causa dos conflitos que você tem atravessado.

Você quer salvar o seu relacionamento e transformar sua convivência com a pessoa amada em um elo de harmonia e felicidade? É simples.

Em vez de ficar reclamando daquilo que lhe desagrada na pessoa, procure concentrar sua atenção nas qualidades dela. Coloque-se no lugar da pessoa que atura suas manias, suporta suas reclamações, aguenta suas chatices e releva suas atitudes neuróticas e pare de criticar os pontos fracos dela.

Você se sentiria bem com um dedão julgador e uma unha afiada 24 horas por dia cutucando sua ferida, do mesmo modo como você faz?

Para nos tornarmos pessoas bem-sucedidas e felizes em uma relação precisamos aceitar a pessoa como ela é, e não como nós gostaríamos que ela fosse.

Compreenda que apesar de ter um jeito próprio, em sua essência original ela não tem nenhum defeito, pois, é uma obra de Deus ainda passando por uma lapidação espiritual enquanto vivencia as experiências ao longo da vida, errando e aprendendo a ser melhor.

Saiba que nenhuma mudança positiva virá de fora. Portanto, faça uma limpeza em sua casa interior. Quando você mantém o equilíbrio e se harmoniza interiormente, os insetos peçonhentos que tanto o incomodam deixarão de invadir seu espaço.

5
Nada vale mais que nossa paz

Estar sempre com a razão é a mesma coisa que invadir um imenso terreno baldio cheio de entulhos e, depois, não saber o que fazer com o lixo que você tomou posse, tornando-se detentor da verdade absoluta.

Quando me deparo com uma pessoa que acredita estar sempre com a razão, em vez de entrar em conflito com o vampiro sem asas, desperdiçando meu precioso tempo tentando fazer uma mula sem cabeça mudar de ideia, mesmo que eu esteja com a razão, se eu pudesse até iria a um cartório passar a escritura da minha razão para o seu nome, mantendo minha paz de espírito e transferindo a infelicidade para o ser imaturo.

Faço isso só para me divertir com a cara de idiota da pessoa, que supostamente me venceu no grito, tirando a minha razão e vendo-a sair tropeçando na própria ilusão de se sentir alguém superior.

Diante de uma situação dessa natureza, eu sinto muito orgulho de mim mesmo quando consigo controlar o meu ego e saio por cima da situação, sem machucar ninguém e sem levar um arranhão.

É uma sensação incrível adotar essa estratégia de inteligência emocional e deixar a pessoa, que se acha a dona da verdade, com a razão. Ela fica igual ao cachorro que corre atrás de carro; quando o veículo para, o animal fica sem saber o que fazer.

Então, eu faço uma leitura mental do que se passa na cabeça do cachorro que corre atrás de um carro e, bem na hora em que o automóvel para, apenas para lhe dar razão.

Decepcionado com a própria idiotice, o cão, infeliz, mentalmente se questiona: Meu Deus do céu, por que eu corri tanto atrás deste carro? Eu não sei dirigir, as minhas mãos são redondas, não sou fiscal de trânsito e nem sou mecânico.

Enfim, sem resposta para os próprios questionamentos, ele dá mais uns latidos só para justificar para si mesmo que estava defendendo seu território da invasão de alguém, que na verdade nem pensou em adentrar seu espaço e depois volta para dentro de sua casinha, morto de cansado, babando e tentando livra-se da sensação de esgotamento físico.

Precisamos ter a humildade e a coragem de olhar para o nosso interior, reavaliar as nossas convicções, questionar os nossos conceitos, analisar a nossa forma de pensar e tirar uma conclusão honesta da nossa maneira de agir.

Afinal, às vezes, temos opiniões equivocadas e um ponto de vista distorcido da realidade que só geram conflitos em nossas relações e nos fazem seguir batendo a cabeça contra o fluxo da vida, insistindo em abrir uma porta sem chave, usando a força bruta sem perceber que, ao dar um coice, o próprio impacto de nosso comportamento impulsivo nos machuca.

Ou seja, precisamos observar os resultados que estamos obtendo e se a insatisfação estiver gritando no meio do peito é porque estamos agindo errado e o devastador sentimento de angústia que nos sufoca é apenas um sinal de alerta da alma, indicando que estamos seguindo um caminho contrário ao do nosso progresso.

O ideal é baixar a bola, desarmar-se, parar de brigar com a vida impondo nossa verdade, estender a mão para os nossos aliados, estabelecer um laço de união e buscar uma solução pacífica.

6
A chave da prosperidade é a gratidão

Eu gosto de homenagear quem está vivo. Por isso, quero compartilhar com você uma história da minha vida que se transformou em um aprendizado. Antes de me tornar escritor e palestrante, eu já trabalhava como radialista em uma das mais importantes emissoras de São Paulo.

Certa vez, aconteceu um fato que me marcou profundamente: era dia de pagamento, eu recebi o cheque do meu salário e fui ao banco sacar o dinheiro, mas, na saída da agência bancária, fui assaltado e os bandidos levaram tudo.

No dia seguinte fui trabalhar e não comentei com ninguém o que tinha acontecido porque tenho como conduta espiritual colocar a minha atenção só naquilo que tenho e não naquilo que perdi ou ainda não conquistei. Desta maneira, concentro a minha energia no momento presente, aumento minha força interior, não sofro com expectativas e tudo flui mais fácil para mim.

Ocorre que, ao sair para almoçar, deparei-me com a minha chefe no corredor da empresa. Ela, muito sensível, logo notou que eu estava meio retraído; discreta, ela perguntou a um colega de equipe se estava tudo bem comigo e ele me ligou no celular procurando saber qual era o motivo da minha introspecção.

Falei que eu estava diferente naquele dia porque fora assaltado e perdi todo o meu salário e, além do mais, a ação dos bandidos tinha me abalado psicologicamente.

O companheiro relatou à chefe o ocorrido. Para minha surpresa, quando voltei do almoço, uma funcionária me chamou no departamento pessoal e me entregou um envelope deixado pela minha superiora.

Abri o envelope e não acreditei no que vi, ela estava me pagando o salário novamente. Imediatamente fui até sua sala e sentindo-me reconhecido com seu nobre gesto de compaixão, lhe agradeci pela sua admirável atitude e principalmente pela sua discrição!

Ela serenamente me deu um doce sorriso, abraçou-me e disse: você merece, meu filho! Sei de sua competência, conheço seu caráter e sou grata por sua dedicação dentro da minha empresa.

Naquele momento o seu abraço afetuoso trouxe para a minha alma a segurança que um policial armado não me daria e sua postura acolhedora revelou-me que o dinheiro, dependendo da situação, traz a felicidade sim.

Creio que ela nem se lembre do bem que me fez. Mas aquela passagem estabeleceu entre nós um laço espiritual inquebrável, fazendo nascer em meu coração um amor de filho que a cada dia que passa só cresce.

Incontáveis vezes essa incrível mulher esteve ao meu lado colaborando com o meu desenvolvimento profissional, oferecendo-me oportunidades para que eu pudesse mostrar meu talento e realizar meus sonhos, dentro e fora de sua empresa.

Na mais recente vez em que ela encheu meu coração de felicidade foi um dia desses, quando cheguei à empresa e um colega me entregou um pacote que ela havia deixado como presente para a minha filha. Levei a surpresa e quando entreguei o presente para a minha princesinha de cinco aninhos, vivi uma experiência mágica, ao assistir à minha amada filha abrindo o pacote e os seus olhinhos brilhando de tanta felicidade.

Tratava-se de um lindo conjunto de blusinha e saia, peças de extremo bom gosto!

Empolgada, ela vestiu a roupa na hora e quando acalmou a euforia, a minha bonequinha como gente grande disse: Papaizinho, a tia Luci ama dar presente para o mundo ser feliz, não é mesmo?

Aquela inocente observação da minha pequena me deu um nó na garganta e eu falei: Na verdade, filha, a tia Luci é um presente que Deus colocou em nossas vidas para nos trazer felicidade como você muito bem percebeu!

Ela continuou: É por isso que toda vez que vamos dormir em sua casa a gente pede para o papai do céu abençoar a tia Luci? Eu disse: Sim, filha. Pois eu aprendi que todo amor que transmitimos para as outras pessoas é o mesmo amor que nos retorna em forma de bênçãos.

Sorridente ela propôs: Então hoje vamos pedir para o papai do céu deixar a tia Luci para sempre dentro de nossos corações? Eu disse: Na verdade, ela já está dentro de nossos corações, princesa.

Lembra-se de que ela já lhe deu vários presentes? Lembro sim, papaizinho. Mas eu quero que a tia Luci fique em nossos corações para sempre, em nosso amor fraterno.

Naquele instante, com o rosto banhado em lágrimas, concordei dizendo: Se você assim deseja, assim será. Quando a gente for dormir, vamos pedir em oração para Ele deixar a tia Luci morar em nossos corações para sempre.

Conclusão: Compreendi que o amor é a melhor forma de educar e tratar alguém. Durante essa enriquecedora convivência com a minha patroa, pessoa que admiro, entendi que mãe não é apenas aquela que nos dá à luz, é também aquela que nos acolhe nos momentos difíceis, nos oferece ajuda, nos transforma em um ser melhor e nos ilumina com a sua presença amorosa, ensinando que a chave da prosperidade é a gratidão!

Enfim, quero dizer que eu amo a senhora, dona Luci! Quando a sua imagem de pessoa generosa surge na minha mente, a minha alma de poeta viaja na imaginação, meu espírito entra em um estado de elevação, eu danço na chuva da minha emoção, expresso um sentimento de pura contemplação e o sol do meu interior revestido de amor desabrocha em meu próprio destino, abrindo os meus caminhos com a luz da gratidão.

7
Vencendo o medo do sucesso

Um fato muito interessante e ao mesmo tempo muito divertido aconteceu no começo de minha carreira como palestrante. Fui contratado por uma grande empresa para treinar uma equipe. Embora eu tenha habilidade para falar em público, confesso que senti um medo assustador de não dar conta do recado.

No dia do evento, uma voz dramática na minha cabeça começou a colocar em dúvida meu conhecimento, que eu não tinha conteúdo para agradar uma plateia de alto nível intelectual durante três horas de treinamento.

Cheguei ao local onde iria acontecer a palestra sentindo uma dor de cabeça insuportável. Foi quando me dei conta de que, quando as coisas começavam a fluir bem para mim, minha mente sempre criava um bloqueio, impedindo-me de atingir o sucesso desejado.

Decidi fazer uma afirmação positiva, dando comando ao universo, ordenando que me tirasse daquela situação de autossabotagem e me colocasse no trono. Isso me deu uma força mental muito poderosa.

Quando faltava pouco tempo para eu subir ao palco, o técnico de som entrou no camarim e me comunicou que o telão não estava funcionando. Ou seja, tornou-se impossível usar o roteiro que eu havia preparado com vídeos e *slides* para facilitar a compreensão da minha mensagem.

Entrei em pânico só de imaginar a vergonha que eu iria passar se não fizesse a palestra por causa de um problema meu.

O técnico disse: Todo desafio que surge em nosso caminho é para nos fazer crescer. Perguntei: O que você quer dizer com isso? Expressando ironia no jeito de falar, ele respondeu: Suba no palco como se nada tivesse acontecendo de errado e faça a apresentação de improviso.

Revoltado com a sugestão, quis saber: Você enlouqueceu de vez? Ele afirmou: Você não tem outra saída, meu querido. Ou você entra e arrebenta mostrando o seu talento diante dessa adversidade ou se arrebenta por não cumprir o compromisso assumido com o contratante e o público.

Determinado, fiz a minha afirmação positiva: Hoje eu vou ocupar o meu lugar no trono. A vida quer e hoje tudo vai fluir para que eu assuma o meu lugar no trono.

Quando entrei no palco e disse boa-tarde, estranhamente a plateia me recebeu de maneira fria. De repente, me deu um branco, esqueci tudo que iria falar e para piorar a situação deu uma dor de barriga tão forte que por pouco não aconteceu uma desgraça nas minhas calças na frente do público.

Então, tive uma ideia luminosa: fiz cara de líder espiritual e falei para a plateia que, por eu ser sensitivo havia percebido no ambiente a presença de um espírito muito desequilibrado que estava ali para destruir a carreira de um de nós.

Diante daquela notícia tenebrosa, rapidinho o público já estava demonstrando interesse em me ouvir. Convoquei a plateia para fechar os olhos e fazer uma meditação de afastamento para expulsar o espírito do local.

Pedi ao operador de som que colocasse uma música suave para tocar e que apagasse as luzes do auditório, tirando a minha presença do foco.

Enquanto o público meditava no escuro corri para o banheiro. Quando sentei no vaso foi que me toquei que eu havia pedido ao universo que me colocasse no trono, só que eu não especifiquei o tipo de trono que eu desejava desfrutar. Eu estava, sim, sendo atendido, embora não fosse da forma como eu gostaria de fato.

Suando frio, fiz uma oração em voz alta com tanta fé que até me emocionei com as minhas próprias palavras, pedindo a qualquer santo que estivesse desocupado para produzir um milagre urgente que intercedesse por mim e me livrasse de passar vergonha.

Depois de alguns minutos no trono da decadência eu estava tão desidratado que se alguém soprasse em meu ouvido eu desmaiaria. Voltei para o palco com pose de celebridade, fiz a palestra de improviso mesmo como se nada tivesse dado errado e levei o público do riso às lágrimas.

No final do evento, o diretor da empresa, contente, disse estar satisfeito com a minha apresentação e, embora já tivesse pagado o meu cachê, tinha gostado tanto da minha atuação que decidiu me pagar de novo.

Eu, me sentindo o máximo, comentei: Na verdade, hoje eu estava mais por baixo do que por cima. Não entendi por que você se encantou tanto com esta apresentação, que no meu ponto de vista, foi uma palestra mediana.

O contratante respondeu: Decidi lhe pagar o dobro porque você demonstrou na prática como uma pessoa deve agir diante de uma situação difícil, superar o desafio e cumprir o que prometeu. Ainda sem entender, perguntei: Do que você está falando?

Ele tornou: É que eu morro de medo de espírito e quando você falou que tinha um entre nós tive um desarranjo intestinal incontrolável! Corri até o banheiro e para a minha surpresa, chegando lá, eu o escutei na cabine ao lado orando em voz alta. Olha, eu vou lhe confessar que nunca vi uma pessoa orar com tanta fé igual a você. E o que me deixou mais impressionado em sua postura é que você voltou ao palco com pose de soldado destemido e deu a volta por cima, sem ninguém perceber o seu real estado emocional. E, ao ver seu exemplo de determinação, decidi que quero a minha equipe agindo igual a esse cara!

Moral da história: mesmo cumprindo sua tarefa todo borrado de medo, enfrente o obstáculo e faça o que tiver que ser feito com garra, determinação e bom humor.

8
Depois da tempestade vem a bonança

O que está se passando com você? Cadê a luz do seu sorriso? Por que você está com a expressão tão apagada?

A sua alma expansiva não combina com essa imagem de ave depenada. Mude esse astral para um estado emocional de leveza.

Reaja, levante-se, saia deste cenário sem cor e infeliz. Solte seu corpo, liberte sua alma de emoções que lhe fazem chorar de tristeza.

Você é uma joia rara que veio ao mundo para expressar a felicidade e a riqueza. Solte seus instintos e seus desejos mais íntimos.

Por mais nebulosa que esteja sendo a sua travessia neste instante, saiba que a situação que o impede de enxergar um palmo diante do nariz vai passar e a sua visão vai clarear.

Erga a cabeça e prossiga confiando que dias melhores virão. Coloque em sua mente a certeza de que o temporal vai cessar e os seus caminhos vão se abrir a partir de agora.

Hoje, vista a sua melhor roupa e saia um pouco, porque Deus o quer no topo. Dê para a sua alma a agradável sensação de merecer o melhor que a vida tem para lhe oferecer e, mudando a sua postura comportamental, faça uma limpeza mental declarando as seguintes palavras que irão esparramar no universo um sentimento elevado: Fora tristeza, fora opressão, fora pobreza, fora medo, "me erra" solidão, fora de mim depressão. Que venha a riqueza e a realização, que venha a felicidade morar para sempre no meu coração.

Feito isso, procure desligar-se da ansiedade, afaste a dúvida de seu pensamento, deixe a sua mente em um estado de serenidade, mantenha o seu plano em segredo até diante de pessoas que o amam e espere em paz.

Assim, o universo fará a parte dele agindo a seu favor, criando uma ponte invisível para transformar em realidade o que você tanto deseja.

Sabe aquela casa linda e aquele grande amor que você tanto sonha encontrar? Então, essas vontades não estão em seu coração por acaso. Na verdade, a sua alma já sabe que você nasceu para ter tudo isso.

Minha mensagem é só para confirmar: Vai dar tudo certo para você. Imagine-se agora mesmo onde tanto almeja chegar. Essa imagem bem definida vai despertar a sua estrela da sorte, transformando você em um ímã, que atrairá energias semelhantes e compatíveis com a força que lança no universo, trazendo exatamente aquilo que você deseja.

Coloque esse sentimento elevado em seu coração e fique na certeza de que já deu certo. Porque perante a lei do merecimento você terá como destino a felicidade e o crescimento.

Tenho tanta certeza de que vai dar tudo certo para você que vejo claramente a sua imagem com um largo sorriso expressando a sua felicidade e lágrimas de gratidão em seu rosto na festa de comemoração.

9
Dê o troco com uma moeda mais valiosa

Não dê nova oportunidade para quem jogou fora a chance que você já deu, oferecendo o melhor de seu coração! Pois, quando você deixa a porta de seu interior aberta, o outro se acha esperto e pensa que você é quem não presta.

Dificilmente quem agiu com desonestidade adotará uma conduta de fidelidade para honrar a nova oportunidade que você concedeu. Não estou afirmando que toda pessoa que praticou um deslize será desonrada para sempre.

Existem pessoas que assumem seus erros e restauraram a imagem da honra que sujaram.

Entretanto, antes de dar um novo voto de confiança a quem lhe passou para trás, sinta se realmente há arrependimento e vontade clara de corrigir a falha que cometeu.

Se caso você sentir que há de fato a possibilidade de reconstrução, abra-se para um acordo de paz, estenda as mãos para um recomeço e deixe claro que jamais você aceitará que o outro recaia no erro.

Agora, se você perceber que o comportamento do outro é falta de caráter, faça o seguinte: Encerre a parceria de maneira inteligente, coloque-se de forma madura, saindo por cima da situação; use um tom de voz sereno para informar que não continuará viajando na companhia de quem abandonou o plano que tinha assumido como laço de união para andar na contramão.

Eu sei que este assunto é muito difícil de ser posto em prática, porque requer de sua parte maturidade espiritual para lidar com a situação de um jeito sábio.

Porque, quando você está com o orgulho ferido, a dor emocional transforma-se em um mar revolto e de ondas gigantes em forma de rancor, fazendo você odiar quem lhe feriu. Mas, posso lhe garantir que se você enfrentar o impulso da raiva e conseguir colocar essa estratégia em prática, viverá de forma saudável e feliz como a minha avó que passou dos cem anos e permanece lúcida.

Minha avó sempre reagiu diante dos erros dos outros oferecendo o perdão como resposta. Enquanto isso, os que a julgavam boba por agir com inteligência emocional foram destruídos pela lâmina da mágoa e morreram de forma prematura, infelizmente deixando para trás tantos sonhos lindos que Deus os confiou como missão de realização.

Saiba que, mantendo o emocional equilibrado, você se torna uma presença luminosa, atraente, cativante e encantadora e, por emanar uma energia construtiva, acabará encontrando outra presença semelhante para formarem uma parceria de nível elevado dentro dos princípios da lealdade e cumplicidade.

Não há vingança mais prazerosa que desfilar com a pessoa certa na presença da pessoa errada, que, diante de sua felicidade, se dará conta de que definitivamente outra pessoa está ocupando seu posto, sentindo o sabor amargo da escolha errada que um dia fez e tendo agora de mastigar a saliva da inveja para engolir o veneno do próprio desgosto.

Agindo assim, você se tornará inesquecível e fará com que a pessoa passe o resto da vida lembrando-se do tesouro valioso que perdeu.

49

10
Os anjos vêm disfarçados

Uma situação me deixou muito triste na época em que saí da roça e fui fazer um estágio como operador em uma rádio.

Na emissora existia um famoso locutor que, usando sua voz maravilhosa, falava de amor de uma forma muito linda. Eu amava ouvir o seu programa e naquele dia eu estava me sentindo o garoto mais sortudo do mundo por ter a oportunidade de trabalhar com aquele genial radialista.

Para a minha surpresa, quando ele chegou ao estúdio e me viu na mesa de som, já me cumprimentou com uma certa antipatia.

Ao ser informado pelo diretor de que o operador oficial do programa não tinha vindo devido a um problema de saúde e que eu, o estagiário, seria o sonoplasta de seu programa, o radialista ficou com tanta raiva de precisar trabalhar com um aprendiz e, revoltado, disse para o diretor ali mesmo na minha frente: Sinto muito, mas, infelizmente, hoje não vou apresentar meu programa acompanhado por este rapaz inexperiente. Toquem músicas no horário, coloquem as vinhetas do programa e as chamadas comerciais.

Em seguida, ele deu as costas e foi embora deixando em meu peito uma terrível sensação de desprezo e um desconfortável sentimento de inferioridade.

Diante da postura arrogante do radialista, percebi que aquele irmão não era digno da minha admiração. Ao ouvir aquela voz bonita transmitindo lindas mensagens de amor ao próximo, eu construí uma imagem incompatível com a verdadeira personalidade da pessoa que existia por trás do microfone desligado.

Sentindo-me decepcionado fui ao banheiro e lá determinei para mim mesmo diante do espelho: Um dia este cidadão vai assistir a uma reportagem contando a minha história de sucesso e irá se lembrar: Este cara foi o pano de chão que um dia eu pisei... e, envergonhado, sentirá o mesmo que eu quando se recusou a trabalhar comigo, apenas por eu ser um aprendiz.

A fim de evitar desagradar o 'bonitinho', o diretor me transferiu no dia seguinte para fazer estágio em outro horário, e foi a melhor coisa que me

51

aconteceu, porque o novo locutor amou trabalhar comigo e ao descobrir o meu dom para fazer humor começou a me colocar no ar, interpretando um personagem que de imediato caiu no gosto do público.

Dessa forma, eu me transformei em um dos profissionais mais conhecidos da rádio. Ou seja, se eu tivesse ficado trabalhando com uma pessoa egoísta, eu jamais teria a chance de crescer.

De qualquer maneira, mesmo ele não tendo me recebido bem, com o tempo compreendi que o tal radialista foi na verdade um agente do bem. Ao se recusar a trabalhar comigo, obrigou o diretor da rádio a mudar meu horário. Por conta disso, conheci um locutor de coração muito generoso que me deu a oportunidade de mostrar o meu talento para o público e ganhar destaque.

Ainda no início da minha carreira ocorreu outra história dentro deste mesmo aprendizado, de que os anjos vêm disfarçados e também me marcou muito, mas neste caso de forma positiva.

Quando cheguei a São Paulo, conheci um comunicador de rádio genial, o professor Adhemar Ramos, que, ao me ouvir interpretando o meu personagem, me convidou para fazer participações em seu programa diário.

Aquela era a chance que eu sonhava conquistar. Afinal, seria um salto quântico deixar uma pequena rádio do interior e passar a mostrar o meu trabalho por meio de uma das mais importantes rádios do Brasil para milhões de pessoas. Porém, havia um obstáculo aparentemente intransponível. Eu não tinha preparo para apresentar um programa de igual para igual com um dos mais renomados comunicadores da emissora.

Ao constatar a minha limitação, o professor Adhemar me mostrou a nobreza de sua alma e se ofereceu para me ajudar a vencer a minha dificuldade, assumindo o compromisso de chegar diariamente na rádio uma hora antes do horário do programa para elaborar o meu texto e ensaiarmos para que eu pudesse fazer a minha parte bem-feita quando estivéssemos no ar.

Outra ação de sua bondade, que me marcou muito, foi durante os anos mais difíceis que enfrentei. Ao ter consciência de que eu morava em um bairro de difícil acesso na periferia, após o trabalho, ele sempre me levava em casa.

O lado mais lindo desta história é que, mesmo diante do sucesso da minha atuação em seu programa, recebendo tantos elogios, pois o público acreditava que eu era a mente iluminada por trás daquelas incríveis mensagens, o professor Adhemar nunca me deixou revelar que os textos eram criados por ele.

Muitas vezes eu me sentia desconfortável em receber tanto reconhecimento do público por algo construído por ele somente para eu brilhar sozinho.

Coração sereno, alma tranquila, ego controlado, o professor Adhemar Ramos me dizia: Filho, o autor de seu sucesso é Deus, que me inspira para criar o conteúdo compatível com o seu talento e interpretar aquilo que eu escrevo.

Na última viagem que fizemos juntos para São Tomé das Letras, em Minas Gerais, eu lhe disse que não entendia por que tamanha generosidade com uma pessoa estranha e o professor, muito emocionado, falou: Quando você chegou na minha vida eu o reconheci como o filho que eu havia pedido a Deus para alegrar os meus últimos anos de vida aqui na Terra.

Diante de tanta cumplicidade e amor espiritual, nos abraçamos como pai e filho, encerrando um reencontro que durou doze anos de muitas risadas, jantares, brincadeiras, lágrimas e vitórias compartilhadas.

Três meses depois dessa viagem ele voltou a morar com Deus e até hoje, toda vez que estou no palco, sinto a sua amável presença de pai e amigo eterno, me intuindo para que eu possa continuar brilhando.

O terceiro fato que me marcou muito foi quando eu e alguns amigos nos reuníamos uma vez por mês para fazer um *show* em São Paulo. Eu dividia o palco com o respeitadíssimo palestrante e professor Wagner Borges e o músico Aurio Corrá, um dos maiores nomes da música New Age no Brasil e, para minha honra, parceiro em diversas atividades.

O professor Wagner Borges fez uma apresentação maravilhosa, que levou o astral do público lá para cima, e em seguida me chamou ao palco para assumir o microfone, deixando o Aurio para fazer o encerramento do evento.

Modéstia à parte, eu havia caprichado na criação do repertório do meu *stand-up*, elaborando um roteiro muito engraçado. Caí fácil no gosto da plateia, que se envolveu com as minhas histórias e gargalhou de tudo que eu falava. O público riu tanto que tive dificuldade para manter a concentração durante o *show*.

Enfim, o combinado seria eu fazer uma apresentação de vinte e cinco minutos, mas, diante da minha desenvoltura cativando o público, Aurio Corrá, em um ato de muita humildade e desapego, decidiu não interromper o meu *show* e me deu o seu tempo para continuar alegrando e emocionando o público. Coisa muito rara no meio artístico.

Aurio Corrá me deu uma lição, ao me ensinar com seu exemplo de humildade, como é que se faz para chegar ao topo e permanecer lá por tantos anos como referência de sucesso.

Para mim ficou claro: ter, de fato, sucesso na vida não é apenas ganhar dinheiro e ser famoso, mas, acima de tudo, ter sabedoria para lidar com o próprio ego e, diante dos pequenos, se abaixar até ficar do tamanho dos iniciantes para que eles se sintam pessoas especiais.

Nunca vou esquecer do brilho que vi reluzindo no olhar do Aurio Corrá, contente ao me ver fazendo o público chorar de rir e ainda me aplaudindo de pé, enaltecendo o meu trabalho.

Hoje, olho para trás e agradeço a Deus pela postura daquele radialista que se recusou a trabalhar comigo na minha época de estagiário. Porque cheguei à conclusão que, se aquele radialista tivesse me tratado bem, eu teria ficado lá, trabalhando apenas como seu sonoplasta.

Resumindo. Às vezes, os anjos vêm disfarçados de seres humanos mal-amados para nos empurrar para o caminho adequado.

Eu não tenho como duvidar da existência dos anjos, pois fui amparado por vários durante a minha trajetória. Quando eu ganhei asas ao decolar na minha carreira, percebi que não basta falar de amor ao próximo, o mais importante é ser, na prática, a própria presença do amor.

II
Seja nos outros a diferença que você busca

Quero falar com você que se encontra decepcionado com a classe feminina: a mulher é um ser emocional e movido pela energia do verbo.

O que quero dizer é que a alma feminina tem a necessidade de escutar coisas boas a respeito de si; às vezes, são coisas que a mulher já sabe, porém, para estabelecer um laço harmonioso, você deve provar por meio de gestos carinhosos que presta atenção nela, que se importa e se preocupa com o bem-estar dela.

Mas não se iluda achando que somente pagando as contas e cumprindo com as suas obrigações será o suficiente para suprir as expectativas de uma mulher. Isso é muito bonito de sua parte e eu tiro o chapéu para quem adota esta postura de cavalheirismo.

No entanto, neste ponto, você deve agir com muita cautela para não perder o controle e sufocar a pessoa amada, dando tudo para ela.

Ao oferecer mais do que deve, embora seja uma ação praticada com boa intenção, você acaba colocando a pessoa na condição de devedora, causando um terrível sentimento de culpa em quem recebe.

É comum encontrarmos homens dedicados ao extremo que dão de tudo para a mulher, achando que agindo dessa maneira farão a companheira feliz.

O fato é que ela nunca está satisfeita com nada, se esquece do que recebe e só reclama daquilo que lhe falta, deixando-o decepcionado, sentindo-se usado e desvalorizado.

Na verdade, o que há por trás deste comportamento (supostamente) ingrato da mulher, que tem todas suas vontades atendidas, é que ela se sente sufocada pela contínua dívida gerada pela generosidade exagerada do parceiro bem-intencionado, que investe toda a sua dedicação apenas nas questões de bens materiais e se esquece de voltar sua atenção aos assuntos sentimentais, além dos pequenos cuidados que dão o tempero exato para manter a relação quente e permanentemente aquecida.

O resultado de sua postura imatura fará a mulher se sentir anulada, tentando livrar-se da estranha sensação de inferioridade que lhe acomete a alma, entrando em um estado de fuga mental e, perseguida pelo monstro interno da autoculpa, não enxerga mais o sentido positivo das coisas que tem ao seu dispor.

Por uma questão de defesa da própria dignidade, a sua insatisfação e reclamação aparentemente sem motivos irá transmitir a seguinte mensagem nas entrelinhas: Afaste-se de mim, a sua presença me faz lembrar a eterna dívida que tenho com você devido a sua falta de bom senso.

Sem a compreensão de ambos para resolver a questão, ele torna-se impaciente para acompanhar o ritmo da inquieta mente feminina moderna; cansado de servir e não ser reconhecido, ativa um melancólico sentimento saudosista, regride no tempo e, fazendo comparações declara: a mulher de antigamente é que era companheira de verdade.

Ela, por sua vez, permanece ao lado do companheiro sentindo-se amarrada no momento presente pelo eterno medo de ele avançar rumo às novas tendências pelas quais sua alma sensível se encanta.

Eu respeito e honro o passado, contudo, precisamos ter a consciência de que a mulher de antigamente era condicionada a viver submissa e obediente aos comandos do marido, tendo uma existência completamente apagada na sombra do parceiro e isolada das próprias vontades, atendendo apenas às decisões do homem que lhe tirava da casa de seus pais, ganhando o direito de detentor de sua liberdade, coisa que ela já não tinha, enquanto era solteira.

Porém, o mundo mudou, as regras do jogo mudaram, a consciência despertou e diante da evolução a desigualdade tornou-se inaceitável. Os espíritos femininos da atualidade já nascem com asas e emocionalmente trazem as chaves do próprio destino em suas mãos. Ou seja, a mulher de hoje quer voar alto e na direção da sua intuição.

A mulher moderna não quer ser protegida pela presença de um macho, ela só quer ser reconhecida, valorizada, enaltecida e respeitada pelo que ela é em sua essência e não pelo *status* do companheiro que tem ao seu lado. Na verdade, a alma feminina anseia por ocupar o seu próprio espaço.

No mais, ela sabe que vai alcançar por si aquilo que lhe couber bem e lhe despertar o interesse.

Outra coisa muito importante: não se engane pensando que você conquistará a admiração de uma mulher apenas lhe dizendo coisas bonitas da "boca pra fora".

Mentir para um ser tão intuitivo como a mulher é o mesmo que criar um abismo em que cairá a sua honra quando ela descobrir a sua falta de honestidade.

Compreenda que o fator primordial em uma relação afetiva que vai preencher o coração de uma mulher e iluminar um olhar feminino é receber de um homem aquilo que ela considera lindo e exclusivo, fazendo-a se sentir única e especial. Use a imaginação, faça o seu diferencial.

A mulher que sonha em construir uma família busca um homem que seja companheiro, gentil, romântico, bom caráter e, acima de tudo, respeite-a em qualquer circunstância.

Saiba que para fazer uma mulher feliz é preciso ser muito mais do que apenas um provedor financeiro. Para fazer uma mulher moderna pensar em você, sentir-se contemplada pela sua existência na vida dela e suspirar com vontade de correr e se atirar em seus braços, entregando-se de corpo e alma até que a morte os separe, você terá que demonstrar algo a mais por meio de um amor vivenciado, para que ela descubra que encontrou a certeza de que a vida os uniu de tal maneira que nem mesmo a morte poderá os distanciar.

A mulher é como um instrumento musical, ou seja, o homem que não souber tocar em sua sensibilidade com afinação, sentimento, entrega e delicadeza, esquentando os seus acordes emocionais e imaginários, jamais alcançará as suas notas mais altas.

12
Felicidade no amor e nos negócios

Existem pessoas que são inteligentes, criativas, empreendedoras, inovadoras, têm um espírito de liderança, são motivadas por natureza e possuem uma mente visionária! Geralmente são bem-sucedidas nos negócios, respeitadas e com bons relacionamentos profissionais.

Essas pessoas são comunicativas, têm uma brilhante visão comercial, são intuitivas, sabem o caminho que conduz à prosperidade, possuem um poder de persuasão cativante e dominador que encanta e convence qualquer um a seguir suas geniais ideias.

Realmente são pessoas que demonstram ter uma habilidade construtiva incontestável, no que diz respeito às conquistas materiais.

No entanto, em suas relações amorosas não alcançam o mesmo sucesso. Isso ocorre porque elas têm muita dificuldade em compreender que amar é perder o controle da situação.

São pessoas com capacidade de enxergar boas oportunidades de negócio onde ninguém mais enxerga. Mas em questão de relacionamento ainda estão muito atrasadas e despreparadas para ocupar um cargo de liderança, pois são pessoas muito ansiosas, impacientes, boca dura, desequilibradas, que não avaliam as consequências negativas que os seus atos impulsivos causam emocionalmente nas pessoas de seu convívio, falando tudo que vem à cabeça e, por esta razão, não respeitam o ritmo dos outros.

Enganam-se, pensando que ao adotar uma postura agressiva vão conseguir tirar o melhor dos outros.

Essas pessoas têm a ilusão de que serão respeitadas e admiradas caso se comportem dessa maneira. Confundem uma pessoa autêntica com uma postura violenta.

Ao contrário disso, quem se comporta assim, na verdade desperta a raiva, a amargura, gera revolta, coloca a autoestima das pessoas para baixo e ativa em quem está sofrendo a sua opressão, uma destruidora energia negativa que volta para a pessoa desrespeitosa.

Você é livre para expressar tudo o que pensa. Isso é um direito seu. Mas não é um ato de inteligência usar o seu livre-arbítrio para falar tudo que lhe vem à cabeça.

Saiba que existe o momento, o tom de voz correto, o jeito adequado e o lugar certo para se falar sobre tudo. Entenda que desrespeitando essas regras fundamentais de boa convivência você poderá machucar pessoas profundamente, assim como também receberá dessas pessoas o pior delas como resultado de suas ações.

Lembre-se: o mesmo tempo que você vai levar para ferir poderá usá-lo para curar, transmitir algo positivo e elevar o astral das pessoas de seu convívio.

Se você for alvo de alguém assim, não rebata a ação danosa usando a boca como espada para contra-atacar e vingar-se da pessoa agressora.

Saiba que existem maneiras mais eficazes de se comportar para resolver este tipo de convivência indesejável.

Uma dica para você contornar a situação: não diga nada enquanto estiver com raiva. Procure afastar-se da pessoa por um tempo, busque acalmar-se e deixe a poeira baixar.

Quando o seu coração estiver sereno e a sua cabeça estiver fria, convide a pessoa para uma conversa em particular.

No momento da conversa use um tom de voz que demonstre amor-próprio, honestidade com os seus sentimentos e maturidade espiritual.

Coloque-se de maneira equilibrada e digna. Jamais faça drama em cima da situação, colocando-se como vítima, mesmo que seja verdade, fazendo acusações ou culpando a pessoa que o desrespeitou, porque, agindo assim, você perderá a chance de ser ouvido.

Se a pessoa insistir em atacá-lo para se impor e ficar com a razão, afaste-se e deixe que a pessoa se afogue no próprio mar de convicções equivocadas.

A minha proposta aqui é uma questão energética e emocional; se você seguir o que estou lhe sugerindo como conduta comportamental, tenho certeza de que você irá surpreender-se com o resultado que vai obter.

Após algumas situações resolvidas dessa maneira, a sua postura de equilíbrio deixará a pessoa sem ação, querendo saber o que fez você não trocar mais farpas com ela naquelas brigas intermináveis.

A luz de sua sutileza cairá como um tapa de luva de pelica e de forma subliminar vai clarear a mente da pessoa desequilibrada, mostrando-lhe o quanto ela está errada, despertando nela o mesmo sentimento de amor que você demonstra diante de uma situação inesperada, livrando-se da carga de energia pesada que ela lhe transmite.

Repito, não reaja devolvendo o troco na mesma moeda. Quem devolve o troco é atendente de caixa.

Saiba que se levar a sério os comentários maldosos de uma pessoa infeliz, que age com a intenção de colocá-lo para baixo, você vai transferir todo o seu poder para a pessoa atuar contra você e decidir como será o seu dia, até mesmo o seu destino.

Pense aqui comigo: se você não deve, então não há motivos para você reagir em defesa de sua honra. Afinal, honra é como roupa, ou seja, se a sua estiver limpa, não há necessidade de lavá-la. Ignore os falatórios e as indiretas da pessoa amarga. Tal atitude fará ela ficar sem ação diante de sua estratégia comportamental equilibrada. Vai dizer que você é difícil de lidar porque se impõe de forma pacífica para livrar-se do cabresto que ela quer lhe colocar para se manter no controle.

Porém, não resistirá ao seu poder magnético e se renderá. Mantenha-se firme em seu propósito. Coloque a cabeça no travesseiro, tenha bons sonhos e devolva o pesadelo para quem vive criando a insônia.

Agindo com indiferença, seu comportamento tranquilo será o mais poderoso veneno contra o inseto falante que ficará tonto com uma única dose de seu silêncio e sairá procurando outra lavoura desprotegida para atacar.

Agora, se você que lê age assim, precisa ter a coragem de olhar para si, reavaliar as suas convicções, questionar os seus conceitos, analisar a sua forma de pensar e tirar uma conclusão honesta sobre a razão que o faz agir dessa maneira.

Muitas vezes, temos opiniões equivocadas e um ponto de vista distorcido da realidade que só geram conflitos em nossas relações e nos fazem seguir batendo a cabeça contra o fluxo natural da vida, insistindo em abrir uma porta sem chave, usando a força bruta.

Precisamos observar os resultados que estamos obtendo; se a insatisfação estiver gritando no meio do peito é porque estamos agindo errado e o devastador sentimento de angústia que nos sufoca é apenas um sinal de alerta de nossa alma, nos indicando que estamos seguindo um caminho contrário ao nosso progresso.

O ideal é baixar a bola, desarmar-se, parar de brigar com as pessoas de nosso convívio para impor a nossa verdade, estender a mão para os nossos aliados, estabelecer um laço de união e buscar uma solução pacífica.

Todavia, se você é do tipo impaciente que prefere usar a boca como uma metralhadora verbal para defender seu ponto de vista, essa dica não é para você.

Trata-se de uma estratégia de inteligência que coloca a pessoa oprimida em condição de equilíbrio, lhe permitindo agir de maneira sábia para reverter o jogo e, de forma subliminar, passar a ditar as regras do jogo.

Ao mudar a sua forma de reagir, adotando um comportamento sutil, o seu exemplo de lucidez acabará chamando a atenção e despertando a consciência das pessoas ao redor, que, para não ficarem por baixo de seu crescimento, adotarão a mesma medida para alcançar o mesmo resultado.

Lembre-se, o bom combatente não é aquele que usa uma arma letal para abater o seu inimigo, mas é aquele soldado com habilidade para dialogar que usa a força de seu opositor para derrotá-lo sem machucá-lo, demonstrando que a vitória de uma guerra é de quem age com inteligência e encerra a batalha antes mesmo de começá-la.

13
De médico e louco todo mundo tem um pouco

Na Avenida Paulista, onde trabalho, tem um morador de rua lunático, que do nada aponta o dedo na cara das pessoas e, cheio de autoridade, faz as mais loucas acusações.

Eu estava saindo de um restaurante quando fui pego de surpresa pelo andarilho. Encenando que estava me reencontrando, ele me disse:

— Pensou que eu nunca mais iria achá-lo não é, seu desastrado? Estou vindo da Inglaterra atrás de você para lhe dizer que o mordomo me contou que foi você quem quebrou os vasos decorativos do meu castelo.

Sem pestanejar eu respondi:

— Quebrei mesmo porque não gostei das cores que você escolheu para enfeitar o castelo na noite do meu casamento com a filha do Barack Obama.

Com a minha resposta inesperada, o doido ficou sem assunto, me encarando. Em seguida, ele teve outro lampejo de ideia maluca e tornou a falar:

— Bom, você vai ter que me acompanhar até o navio militar dos guerrilheiros que vieram comigo buscá-lo. Você deve cumprir pena e pagar pelos danos que causou no meu país.

Novamente reagi na mesma sintonia, dizendo:

— Sinto muito, comandante, mas, antes do meu casamento, não posso deixar o meu país, porque a minha futura esposa decidiu que a cerimônia de nossa união vai acontecer aqui no Brasil, na casa da cantora Maria Bethânia, que até vai nos presentear com o seu *show*, cantando na abertura a minha música preferida de seu repertório, *Tocando em frente*.

O doido baixou o tom de voz e olhando para os lados como quem iria me falar algo secreto disse:

— Fica esperto, cara, não vai mais sair por aí fazendo milagres em público e dizendo que você é Jesus, porque os oficiais da oposição vão acabar te crucificando novamente, entendeu?

Eu disse:

— QSL. Dalai Lama, pode ficar tranquilo que desta vez eu não vou colocar a minha vida em risco por ninguém.

O doido arregalou os olhos e disse:

— Você está ficando louco, cara? Fala baixo porque os soldados já estão chegando para te capturar.

Eu me calei e saí na ponta dos pés no meio da multidão, enquanto o doido ficou me olhando e, com o dedo indicador na boca, me pedia para continuar seguindo em silêncio, pisando macio para não ser visto pelos supostos soldados que estavam me procurando.

Eu havia levado tão a sério o papo de que eu era mesmo louco que, quando cheguei à catraca do metrô, estava tendo uma crise existencial, a ponto de olhar nas chamadas do meu aparelho de celular e conferir se a filha do Obama tinha ligado para mim.

Fui para casa refletindo sobre o ocorrido e principalmente impressionado com a reação do louco, que me deu a possibilidade de extrair daquela situação uma sábia lição que quero repassar para você usar na convivência diária com pessoas infelizes que, do nada, adotam um comportamento de louco e resolvem descontar as frustrações delas o atormentando.

Diante de alguém assim, devemos agir como se estivéssemos lidando com uma pessoa lunática, usando o argumento da própria pessoa desequilibrada com um toque de bom humor e jogo de cintura; colocando-nos na condição de coadjuvante da loucura, facilmente desarmaremos a fera indomável que, ao se deparar com a nossa reação equilibrada, ficará sem assunto para continuar nos afrontando e sem vontade de nos provocar para descarregar a ira, a amargura e a infelicidade que assolam a sua alma.

Enfim, na loucura, solte o seu louco e deixe exalar sua felicidade.

14
Classe social não eleva o nível espiritual

Eu estava na classe executiva de um avião com destino a Goiânia e, quando fui me acomodar na poltrona, me sentindo alguém especial por viajar em uma classe diferenciada das demais pessoas, para a minha surpresa, já havia uma mulher sentada em meu lugar.

Educadamente eu lhe disse que aquele era o meu assento e, revoltada, a mulher disparou a falar alto comigo, dizendo que aquele assento era o dela e que eu prestasse mais atenção antes de lhe dirigir a palavra.

Naquele instante, a tripulação inteira, olhou para trás tentando identificar quem era o espertinho que estava aborrecendo a passageira e querendo um lugar que não era seu.

Na hora, fiquei com tanta vergonha do vexame que me senti um dos mais perigosos criminosos do país.

Diante do esporro que a mulher me deu, uma comissária de bordo veio imediatamente verificar o que estava acontecendo. Ao consultar os números de nossas passagens, constatou que a mulher estava equivocada ou dando uma de esperta para cima de mim, tentando me vencer pelo grito e me expondo ao ridículo para conseguir viajar ao lado da janela.

A comissária gentilmente pediu que a estressadinha saísse do meu lugar e sentasse no dela.

Encerrando o assunto, a barraqueira estufou o peito igual um pombo quando quer acasalar, olhou dentro dos meus olhos e bufando de raiva disse: É por isso que eu já me separei cinco vezes. Não suporto homem.

Eu rebati dizendo: Minha senhora, eu não a pedi em casamento. Apenas pedi para desocupar o meu lugar.

A lição que tirei desta experiência foi perceber que ainda estamos muito atrasados de consciência, iludidos com as aparências e aprisionados atrás das grades do nosso próprio ego.

O mercado consumista cria serviços e supostos benefícios que, na prática, não nos trazem a tão almejada felicidade por meio de conquistas materiais ou posição social.

Por exemplo, na minha opinião, viajar em classe executiva é pura bobagem e mostra a esperteza de quem inventou isso, separando as pessoas, classificando-as por classe, levando em conta o grau cultural e o poder aquisitivo de cada indivíduo, plantando na mente das pessoas a falsa ideia de superioridade, ou seja, aquele que consome certa marca ou serviço diferenciado está acima de quem não pode fazer o mesmo.

Quem fatura alto com esse mecanismo de domínio comportamental são as empresas que sabem da carência de nossa alma e agem de forma subliminar, criando produtos e serviços que despertam em nós a sensação de que, comprando algo de classe A, nos colocará em um patamar social mais elevado dos que não tiveram acesso à cultura ou ao poder financeiro que nós tivemos.

No entanto, não percebemos que por trás daquilo que nos encanta existem mentes criativas atuando de forma comercial, gerando os problemas que nós não temos, apenas para nos venderem soluções das quais não precisamos para ter uma vida feliz.

Na verdade, usam a nossa busca ilusória pelo poder para nos oferecer um *status* que nos isola da convivência com as classes mais baixas e nos vendem uma passagem pelo dobro do valor, no mesmo avião que viaja alguém pagando a metade do preço, separado de nós apenas pela barreira do nosso egocentrismo.

Sinceramente, eu nunca soube de um passageiro na classe executiva que caiu e, após o pouso trágico, livrou-se dos destroços da aeronave no meio da fumaça sem um arranhão, apenas tossindo e, com um sorriso de alívio pelo susto que levou, afirmar: Ufa, graças a Deus eu paguei o dobro da passagem pela classe superior e salvei a minha vida.

Não importa a classe na qual viajamos, a marca que usamos, nem se estamos pagando o dobro do valor para termos um serviço diferenciado daqueles que viajam na condição de inferiores, isolados apenas pelo conceito social de classes.

Observe que o piloto e o copiloto que conduzirão a tripulação no voo serão os mesmos, as comissárias que servirão aos passageiros durante a viagem serão as mesmas, assim como o horário de pouso e o destino também serão os mesmos para todos a bordo da aeronave.

Então, cheguei à conclusão de que se eu estiver no mesmo avião com passageiros separados de mim apenas pelo tratamento ou pelo preço e, por alguma falha, acontecer um acidente, no final da história todos acabaremos descendo na mesma classe, tendo a mesma lição, pagando o mesmo preço e tendo como morada o mesmo endereço.

15
Superando a crise existencial e a depressão

Quando morava na roça, eu era feliz com tão pouco e não sabia o quão rico eu era vivendo dentro da simplicidade daquele lugar pacato. Mas um dia a mídia chegou trazendo novos conceitos de vida, apresentando um monte de coisas incríveis que eu não tinha e acabou me convencendo de que, vivendo daquele jeito, eu estava isolado de um imenso universo de possibilidades.

Despertou em mim angústia, inquietação e uma vontade incontrolável de ser alguém na vida somente para arrancar aquele sentimento de inferioridade que me oprimia o peito. Enfim, entrei em conflito existencial e, infeliz, passei a questionar os meus valores.

Quando, com muito esforço, eu conseguia comprar algo, em seguida aquilo já perdia o valor e eu novamente ficava com cara de bicho estranho, usando uma coisa ultrapassada e fora de moda no meio das pessoas que podiam mais do que eu e acompanhavam melhor todas as tendências.

De repente, no intervalo da novela ou do meu programa de rádio favorito, as propagandas surgiam instigando o desejo de consumo, sempre usando os meus artistas preferidos como isca para atrair a minha atenção e vender algo novo que eu não tinha possibilidade de adquirir.

Condicionado pela mensagem opressora do consumismo, uma voz destruidora de sonhos gritava em minha mente: Você não pode comprar isso. Se enxerga, cara. Você é pobre.

Então, com tantas vontades e desejos frustrados, acabei perdendo aquela serenidade de pessoa simples que eu era; roendo as unhas de ansiedade, saí pelo mundo em busca de um sucesso que na verdade já existia sob meu nariz, a felicidade. E eu não tinha consciência.

Morando na cidade grande atingi um patamar de sucesso considerável! E confesso que convivendo em ambientes de alto nível me senti acima das minhas raízes, me deixei levar pelas aparências; procurando por algo grandioso adentrei um terreno pantanoso; ao buscar uma pessoa para um relacionamento sério, me lancei nos braços de pessoas erradas que buscavam um homem apenas para lhe custear os bens materiais e não para viver uma história de amor, de companheirismo e cumplicidade.

Hoje, com maturidade, assumo a responsabilidade pelas escolhas equivocadas que fiz, isento as pessoas com as quais me envolvi e me perdoo também pelos erros que cometi contra mim mesmo, me relacionando com pessoas interesseiras, que me deram uma grande lição ao me deixar sem dinheiro e mais depenado que um filhote de papagaio quando nasce.

Reconheço que não fui vítima de ninguém, apenas da minha própria ilusão que jogou minha cara contra o muro para que eu abrisse a minha visão, despertasse e colocasse os pés no chão.

Foi um período de muita decepção, no qual passei por uma avassaladora crise existencial. Resumindo, sensível como sou, entrei em profunda depressão e para não enlouquecer fui parar na terapia em busca de uma ajuda que pudesse me mostrar onde estava a minha alma perdida.

Na terapia fiz uma profunda viagem interior. Foi a coisa mais incrível que já vivi, ter um reencontro com a minha própria alma, que, feliz com o meu retorno, correu ao meu encontro de braços abertos e soluçando no meu próprio ombro, me implorando uma vez por todas para eu abandonar as ilusões, encarar a realidade e voltar para a minha essência.

Foi um período em que me tratei, me redescobri, deixei de ser um papagaio depenado, resgatei as minhas asas, me transformei em uma esplendorosa águia dourada, retomei a posse da minha liberdade, expulsei a infelicidade da minha porta, retornei a voar bem alto, deixei de andar na companhia das galinhas que fingiam ser gaivotas, entreguei o meu destino nas mãos de Deus e Ele colocou seus anjos como minha escolta.

Tomei consciência de que para um relacionamento ser bem composto é preciso que a pessoa entre pela janela dos olhos e não pelo bolso.

Avaliando o lado positivo de tudo que passei durante as experiências negativas nas minhas relações, reconheço que as pessoas não me enganaram; eu é que me enganei a respeito delas. Mas apesar das cicatrizes que me deixaram, o que prevaleceu foi a confiança no amor e um rico aprendizado que ficará comigo para sempre.

16
As lições que ensinamos são as nossas próprias provas

A incoerência humana é tão absurda que ultrapassa todos os limites do bom senso e da contradição comportamental.

Por exemplo, eu conheço uma pessoa que diariamente, ao chegar ao trabalho, a primeira coisa que faz é uma oração pedindo a proteção divina. No entanto, na prática, essa pessoa age de maneira desequilibrada, sempre infernizando a vida dos colegas de trabalho, criando conflitos e gerando discórdias. E o pior de tudo é que a pessoa ainda acha que é guiada pela bondade divina.

Se você convive com alguém assim, evite ficar julgando a postura imatura de quem sente prazer em importunar a vida alheia. Agindo dessa forma, você acabará se conectando com a energia ruim que a pessoa transmite. Se devolver na mesma moeda, você estará se rebaixando e se tornando alguém do mesmo nível de quem reprova.

Agora, você deve estar se perguntando: Como lidar então com doentes emocionais que se encontram nessa condição?

Em vez de entrar neste jogo sem vencedor, faça o seguinte: mentalize essa pessoa; em seguida, uma luz rosa entra pelo topo da cabeça dessa alma escura iluminando todo o seu ser e revestindo o coração de amor. Depois, afirme palavras que expressem compaixão, doçura e cura emocional. Exemplo: Eu tiro de você só o seu melhor e entre nós tudo que flui é harmonia e felicidade.

Faça dessa prática um diálogo espiritual construtivo diário, em que você só direciona ondas mentais de paz e sentimentos elevados que chegarão até o espírito da pessoa como uma chuva energética de purificação e bênção, que tocará o campo áurico da pessoa, lavando a sujeira energética que a mantém poluída. Enfim, corte qualquer possibilidade de criticar o comportamento alheio. Apenas aceite e respeite o outro.

Saiba que ao se manter em seu ponto de equilíbrio, o bem que transmite vai lhe retornar na mesma proporção.

Algo inusitado ocorreu comigo neste sentido. Eu estava em uma fila olhando para a rua quando avistei duas mulheres conversando e dando boas gargalhadas, enquanto fumavam.

Atrás de mim havia um homem incomodado com a fumaça do cigarro. Adotando um ar de superioridade e condenando as mulheres fumantes, me perguntou: O que você acha deste tipo de mulher que fuma? Eu respondi: Eu acho que não é da minha conta e nem da sua.

Pego de surpresa pela espontaneidade da minha resposta, o homem desmontou-se de tanto rir. Ele ainda tentou justificar-se dizendo: O que eu estou querendo dizer é que se não fumassem, elas seriam pessoas saudáveis.

Eu perguntei: E elas deveriam ser saudáveis por quê? Ele me olhou com uma sobrancelha paralisada e a outra quase no meio da testa sem entender a minha pergunta e retrucou: Para serem pessoas felizes. Novamente rebati: E o motivo pelo qual elas estão gargalhando é porque estão se sentindo arrasadas? Mais uma vez o homem disparou a rir.

Começamos a conversar, ele me perguntou qual era a minha profissão eu falei que sou escritor e palestrante.

Sentindo-se à vontade com um laço de intimidade estabelecido entre nós e aproveitando a oportunidade, ele me perguntou: Já que você é um mediador de conflitos e buscador de soluções para sanar questões de comunicação, qual dica você pode me dar para resolver um conflito com um irmão, que após uma discussão cortou relação de vez comigo, me deixando muito triste com o fim de uma linda amizade.

Diante daquela indagação, imediatamente consultei a minha consciência e constatei que havia um fato em minha própria relação familiar que se encontrava pendente no quarto escuro do meu orgulho ferido, mantendo a minha alma aprisionada atrás das grades do meu ego, me causando muita tristeza e infelicidade.

Eu informei ao homem que naquele exato momento não poderia tratar absolutamente nada sobre o delicado assunto, mas, que ele poderia anotar o meu número de telefone e me ligar na semana seguinte que eu lhe daria uma dica prática e coerente com os princípios de honestidade, que pudesse ajudá-lo a resolver sua questão de desarmonia com o irmão e que ao mesmo tempo fosse uma ação que também me deixasse em paz e com a minha consciência tranquila.

Intrigado com a minha postura ele questionou: Por que você não me responde agora, já que estamos nos falando pessoalmente?

Eu disse: É que faz um mês que eu também não falo com a minha irmã. Ou seja, este tempo que lhe pedi é para que eu possa primeiro fazer as pazes com a minha irmã, colocar a minha relação familiar em ordem para só depois poder lhe passar algo que eu coloco em prática na minha própria vida.

O homem ficou muito emocionado, me abraçou e disse: Muito grato pela bela lição de vida que você acabou de transmitir. Não vou mais precisar ligar para você, porque já me respondeu o que eu devo fazer para restaurar a minha relação como o meu amado irmão, que se afastou de mim por causa da minha imaturidade, incoerência e invasão nas questões pessoais de sua vida.

Diante da revelação que a vida nos deu, nos abraçamos e nos agradecemos pelo construtivo encontro.

Outro fato interessante que ocorreu comigo: Um homem de mente negativa, se colocando como vítima do destino, me abordou declarando que nunca tivera sorte com nada, que a vida era muito cruel com ele. Morava de aluguel em uma casa tão velha que estava caindo aos pedaços e até seu cachorro tinha uma casinha melhor que a dele.

Enfim, o homem era a manifestação da reclamação em pessoa.

Expliquei que a reclamação é como uma poderosa oração que pessoa usa contra aquilo de bom que ela tanto almeja alcançar.

Observe que o significado da palavra "re-clamar", expressa um forte comando mental, verbal e sentimental que ordena ao universo que mande mais daquilo que a pessoa reclamona está odiando receber em sua vida.

Porém, todas as dicas e soluções que eu lhe apresentava como sugestões de mudança, ele se sentindo azarado, dizia que já havia tentado, mas nada funcionava.

Diante de alguém assim torna-se impossível mostrar uma luz no fim do túnel, porque a pessoa está convencida de que nada vai dar certo em sua vida.

Perguntei o que ele vinha fazendo para afastar de sua casa a energia pesada que estava se manifestando em sua residência.

Ele falou que estava acendendo incensos e fazendo afirmações para expulsar os maus espíritos da residência.

Eu disse: Olha, meu querido, com essa mentalidade negativa que tem e usando incenso como elemento de limpeza ambiental, pedindo a força do universo para expulsar de sua casa a presença dos maus espíritos, você vai acabar sendo despejado ou sair volitando a qualquer momento.

Ainda sem querer compreender a minha mensagem e fugindo da responsabilidade, ele me indagou: Será que fizeram alguma macumba contra mim?

Eu disse: amigo, agindo errado como vem fazendo, você não precisa receber macumba de ninguém para destruir a sua vida. Basta alguém lhe mandar a farofa porque você já é o próprio frango depenado...

Observe comigo, às vezes, a pessoa não tem absolutamente nada e coloca na cabeça a infeliz ideia de que existe alguém tentando acabar com sua vida.

Assim, usando este exemplo de erro de postura comportamental, quero lhe transmitir uma dica muito preciosa: Em vez de se tornar em uma pessoa viciada em reclamar, adote como filosofia de vida a prática do agradecer, que significa: fazer a graça descer.

Resumindo: Quando olhamos só o que nos falta dentro da casa, não enxergarmos que o paraíso está do lado de fora e não apreciamos o que há de belo ao nosso redor porque usamos uma lente suja nos olhos.

17
O fruto só fica doce no tempo de Deus

Se você está se relacionando com uma pessoa difícil de lidar, desista logo de querer mudar o jeito de ser e agir dela. Ninguém muda ninguém.

O máximo que a pessoa vai fazer é fingir que você está com a razão para evitar atrito, mas, no final das contas, ela acabará fazendo tudo do jeito dela.

Pois ninguém está aqui para servir os seus caprichos e atender às suas vontades.

Agindo dessa forma autoritária, forçando a barra, você só vai é arrumar conflitos intermináveis, se desgastar, machucar o outro com suas atitudes invasivas e imposições agressivas, tirar o pior de sua relação, perder o seu tempo, fazer o outro perder o tempo dele, se desequilibrar e adoecer.

Compreenda que cada pessoa está em um nível de evolução. Em um relacionamento nunca use a força para se estabelecer, use a inteligência. Tudo se encaixa quando as coisas atingem o tempo de Deus.

Não adianta exigir que um passarinho comece a voar bem alto antes que nasçam as penas em suas asas.

Da mesma forma, entenda que, enquanto um fruto não alcançar o seu tempo de maturidade, ele não é doce. Ou seja, antes de concluir o seu processo de crescimento, ele é imaturo e, sendo assim, você não pode extrair de sua polpa os nutrientes e vitaminas que alimentarão seu corpo com energias positivas.

Não perca mais seu precioso tempo cobrando das pessoas qualidades que elas ainda não desenvolveram.

Respeite as limitações e a forma de ser e agir das pessoas de seu convívio. Coloque o amor em seu tom de voz e na sua forma de se dirigir às pessoas, que facilmente irá tirar só o melhor delas.

Evite provocar desgastes desnecessários. Deixe que a vida, com seus próprios recursos, conduza as pessoas às necessárias mudanças no tempo exato.

A maturidade só desperta quando a alma passa pela lâmina das experiências, despertando, assim a consciência.

Para obter sucesso nas relações, você precisa ter a sabedoria e a paciência de um lavrador, que antes de lançar as sementes na terra, primeiro prepara o terreno, ara e aduba o solo, oferecendo às sementes condições favoráveis para que elas cresçam plantas saudáveis, fortes, nutridas e viçosas.

Quando as plantinhas nascem, o lavrador corta as ervas daninhas que nascem em meio à sua plantação, para evitar que os brotos intrusos roubem a energia e espaço de sua lavoura, protegendo a semeadura do ataque dos insetos, atraídos pelos agregados indesejados.

Depois, o lavrador espera tranquilamente que a natureza cumpra a sua parte. Ele sabe que para poder oferecer o melhor de si, um fruto precisa de um determinado tempo para se desenvolver, crescer e amadurecer, pois tirado do pé antes da hora certa vai produzir um sabor amargo.

Lembre-se de que a natureza é sábia e concede a cada fruto a sua individualidade e o momento certo para amadurecer.

Respeite a ordem natural das coisas.

Deixe a vida abrandar a acidez daqueles frutos imaturos que ainda se encontram amargos, formatando neles maciez e vitamina, que eles guardam em sua essência como nutrientes.

Aproveite seu tempo saboreando a vida, curtindo os frutos que já estão maduros e aguarde com o coração sereno para os frutos imaturos também alcançarem o estado de maturidade e doçura.

18
Reativando o seu animal de poder

Se a sua vida não está fluindo com naturalidade, a mente se encontra atolada em preocupações e medo do futuro, retorne emocionalmente ao seu tempo de criança, até a fase em que a sua alma era livre, a sua criatividade não tinha fronteiras e você voava nas asas da imaginação para o lugar ou situação onde a sua pureza queria.

Lembre-se de que naquele tempo mágico a sua capacidade de fazer os seus sonhos possíveis era ilimitada.

Imagine-se andando por meio de uma linda floresta, visualize uma cabana onde mora um velho sábio camponês que lhe recebe com um sorriso sereno e um olhar apaziguador.

Demonstrando aguardar a sua visita, ele alegremente vem ao seu encontro, acolhendo-o com um forte abraço, olha em seus olhos de uma forma amorosa e diz: Vai ficar tudo bem com você.

Em seguida, o sábio o convida para adentrar o humilde recinto onde ele trabalha com um grupo de curadores xamânicos, praticando rodas de cura que libertam as pessoas de seus sofrimentos emocionais e espirituais.

Na singela cabana, o sábio informa que para abrir os seus caminhos será feita uma limpeza energética que vai retirar as sujeiras internas que mantêm você em estado de estagnação.

O sábio diz: Sente-se, feche os olhos, abra as mãos para receber as chaves de seu destino de volta, desligue-se de suas preocupações e permita que a sua criança interior apareça em sua tela mental reconectando você ao seu poder criativo perdido.

Ao ouvir as palavras do sábio, você sente um acolhimento indescritível, acata as orientações e se deixa levar pela corrente positiva da vivência que ele o conduz.

De repente você escuta os curadores que trabalham com o sábio entoando emocionantes cânticos sagrados, ordenando que saiam de seus caminhos as energias intrusas que estão lhe impedindo de alcançar a felicidade.

Feita a limpeza, o sábio pede para você abrir os olhos, levantar-se e o acompanhar até um lindo lago azul onde será realizado um ritual de consagração.

Chegando próximo da água azul e cristalina, o mestre junta-se aos curadores e, usando a palavra de forma mágica e lúdica por meio dos cânticos, ordenam que o seu poder seja devolvido imediatamente.

Abra-se para receber dos curadores, por meio do uso correto da palavra, a posse de seu destino, permitindo que a energia dos cânticos de força entre nas células de seu corpo restituindo e reacendendo a luz de sua estrela interior que desperta um brilho no olhar.

Neste momento, corre um vento suave ao seu redor trazendo o aroma de flores e o cheiro de terra molhada, despertando em sua alma sentimentos elevados. Você sente no íntimo de seu peito uma gostosa sensação de paz.

Quando os curadores encerram o tratamento, você escuta risadas de crianças ecoando ao longe.

O sábio o orienta mentalmente a ir na direção das crianças; você segue a recomendação e, conforme se aproxima, uma das crianças do grupo o reconhece e, de braços abertos, corre ao seu encontro e você não consegue conter as lágrimas ao reconhecer que a linda criança é, na verdade, você ainda na infância.

Neste momento, tudo em seu interior está reativado positivamente, você sente o coração transbordando de felicidade e a cada passo que dá na direção da encantadora criança, você entra em um estado de leveza sublime; ao abraçar a criança, você ganha asas e simplesmente voa, reconquistando a sua liberdade plena.

19
Dançando com Jesus

Não consegue se desligar de uma situação que está deixando sua vida em desordem e esse desconforto está tirando sua paz?

Para recolocar o seu interior em harmonia, faça o seguinte: imagine-se andando em uma praia deserta, sinta os seus pés cansados e já quase sem força para seguir a sua luta solitária.

Deixe vir na mente as imagens dos momentos bons que você já viveu, tendo ao seu lado pessoas que diziam ser suas amigas.

Em seguida, deixe vir a imagem de quando você entrou na fase de dificuldade e precisou de um ombro amigo para pousar a sua alma aflita e poucas daquelas pessoas apareceram para lhe oferecer um apoio moral.

Agora mude o cenário mental e despeça-se de seu passado.

De repente, ao longe, Jesus Cristo vem em sua direção, com seus lindos cabelos soltos ao vento, sorridente, muito emocionado e de braços abertos como um pai amoroso que há muito tempo não via o filho.

Ele aproxima-se de você, toca docemente em seu rosto e o olhando com ternura diz: a partir de agora eu serei o seu confidente, sua companhia.

Ao ouvir esta declaração você não consegue conter a emoção, Ele pega em suas mãos, dança com você na areia como duas crianças felizes e sem medo do amanhã.

Tirando você da sensação de insegurança, Jesus decide acender uma fogueira com a qual Ele faz um ritual como forma de libertação para queimar o seu sofrimento.

Transporte-se para a cena, visualize as labaredas transformando a sua infelicidade em cinzas, ouça o som estridente do fogo devorando as madeiras; neste instante, o mestre usa o simbolismo do fogo para fazer uma alquimia, imagine os seus problemas sendo dissolvidos nas chamas ardentes, anulando de vez toda energia ruim que está atrapalhando seu progresso.

Neste mágico ritual, Jesus entoa palavras proféticas que desligam seu espírito dos tormentos que o afligem e ativa a sua felicidade.

Deixe que as palavras de Jesus entrem em seu coração e receba a energia construtiva que Dele emana.

Encerrando, Jesus o convida para entrar em um singelo casebre. Quando você chega ao interior do humilde recinto, desabrocha em seu peito uma gostosa sensação de bem-estar e acolhimento espiritual.

Feliz com a sua visita, Jesus pede para você sentar-se à mesa com Ele.

Por fim, o mestre do amor lhe serve o pão da honra acompanhado de uma taça de vinho, consagrando e brindando com você a sua nova vida.

Aqui fica a dica: Se alguma situação vier lhe causar irritação tirando a sua paz de espírito, não reaja com agressividade, use a inteligência emocional para lidar com o desafio que o incomoda.

Aprenda a neutralizar as demandas energéticas endereçadas a você.

Procure um lugar onde você possa se acalmar, feche seus olhos e novamente imagine Jesus vindo ao seu encontro e encerrando o conflito.

Use a força positiva de seu pensamento e sentimento para desligar-se da situação. Esse processo é uma despedida espiritual, porque se trata de um corte mesmo.

Com boa intenção, diga mentalmente para o problema, que já se encontra de costas para você e em posição de partida:

— Eu só lhe desejo o bem. Siga em paz que eu também ficarei com a minha paz. Eu declaro agora que haja entre nós um desligamento definitivo. E que esta ruptura seja para que cada um de nós possa seguir o próprio caminho cumprindo sua missão de vida, promovendo prosperidade e felicidade. Que assim seja. Que assim se faça. Amém.

20
Quando o perdão é a solução

Quem me assiste nos palcos irradiando tanto bom humor, energia positiva, transmitindo sentimentos elevados e tocando os corações com palavras edificantes não imagina como foi a minha vida.

Até a fase da minha adolescência eu tinha a horrível sensação de não ser aceito pela minha mãe, pois ela nunca expressou um gesto de afeto por mim devido aos seus sérios problemas emocionais.

Aquela forma fria de agir da minha mãe me causava um destruidor sentimento de rejeição, que no decorrer do tempo só aumentou.

A minha alma gritava, implorando por seu colo de proteção, seu abraço de acolhimento, seu sorriso de aprovação e seu beijo de cura, a fim de arrancar de mim aquele sentimento ruim que repetidamente me dizia: você não é bem-vindo.

Quando eu via outra mãe de mãos dadas com um filho, fazendo-lhe carinho publicamente, falando de forma amorosa, atenciosa e colocando o filho como alguém especial em sua vida, sentia como se estivesse levando uma punhalada no peito.

Na realidade, eu não tinha consciência de que a minha dor era uma desesperada vontade de ter uma mãe igual àquela que via nas ruas.

Um dia decidi colocar para fora tudo que estava entalado na garganta. Então, focado só no que não tinha recebido da minha mãe, disparei a falar os mais cruéis absurdos contra aquela mulher que ficou incontáveis noites sem dormir para cuidar de mim.

Tomado por um sentimento amargo cobrei e acusei a minha mãe até pelas encarnações anteriores.

Revoltado e com um dedão julgador apontado para sua cara, eu disse: você nunca me deu nada, nunca fez uma festa de aniversário para mim, você nunca me deu atenção. Você nunca parou para me ouvir, nunca me aprovou, nunca me amou. A única coisa que recebi de você foi uma vida de extrema pobreza e isolamento.

Quando descarreguei o ódio que guardava no coração, restou uma longa pausa de silêncio.

Ela se aproximou de mim com a expressão desmontada, pegou em minhas mãos em silêncio, seus lábios tremiam de dor, seu olhar apagado denunciava o quanto o meu ingrato desabafo tinha lhe golpeado a alma; ficou me olhando profundamente sem conseguir dizer nada, apenas expressando que as minhas ásperas palavras a tinham ferido de maneira devastadora.

Eu vi em seus olhos tristes uma chuva de lágrimas caindo sobre seu lindo rosto, envelhecido tão prematuramente, demonstrando que na verdade ela também ainda era uma criança carente daquele mesmo amor que eu tanto queria receber.

Soluçando, ela me deu a resposta que todo filho que não valoriza a mãe merece ouvir, a fim de crescer e deixar de fazer papel de vítima.

Minha mãe disse: Eu reconheço, tudo o que você falou é verdade, mas quero lhe pedir desculpas, meu filho, por eu ter lhe dado "apenas a vida". Eu sei que isso é muito pouco para quem tem um coração ingrato. Porém, dentro das minhas possibilidades, desde a sua concepção, eu lhe dei o melhor de mim. Eu queria muito ser essa mãe maravilhosa que você sonha ter. É uma pena que os seus olhos estejam enxergando só o que eu não lhe dei, mas como é que vou oferecer para alguém o que não tenho dentro de mim? Como é que vou expressar um amor que não recebi?

Naquele instante, com o meu rosto banhado de lágrimas, eu abracei a minha mãe, implorando pelo seu perdão e ela prontamente me acolheu em seus braços. Pela primeira vez ela disse: Eu te amo, meu filho. Perdoe a mamãe. Eu também pensava que você não me amava e por isso, de certa forma, acabava me vingando de você, tratando-o com a mesma indiferença com a qual você me tratava. Só que de hoje em diante vamos um cuidar do outro.

A partir da compreensão do que se passava conosco eu a reconheci como a minha estrela da sorte e aprendi uma grande lição da vida: que mãe a gente não julga, apenas ama, cuida e agradece a Deus por ela existir.

21
Rebatendo a uma crítica de maneira filosófica

Encontrei um conhecido de longa data que não via fazia tempo e, demonstrando-se admirado com o meu crescimento disse: Apesar de sua conquista, tenho uma crítica a lhe fazer.

Disposto a ouvir a sua observação e aberto a aprender fiquei esperando para ele apontar o que havia percebido de errado no meu trabalho.

Com uma expressão de desprezo, confessou: Se eu fosse você, jamais colocaria na minha apresentação que Evaldo Ribeiro é ex-lavrador, muito menos honraria publicamente o estado do Maranhão, tendo nascido naquele pântano de pobreza e sofrido tanto descaso dos governantes desonestos que colocam aquela região em uma das piores classificações na educação e desenvolvimento social do Brasil.

Sensível como sou, confesso que na hora senti um nó na garganta, pois aquelas palavras duras ofendendo o Maranhão me acertaram a alma como uma punhalada, deixando os meus olhos afogados nas lágrimas.

Segurei as rédeas do meu cavalo interior para que meu animal de poder não desse um coice certeiro no meio da fuça do desprezível sujeito.

Ativei o filósofo que existe dentro de todos nós e com mansidão na voz perguntei se ele já tinha visitado os lençóis maranhenses e a resposta dele foi uma negativa.

Com serenidade na voz falei: Pois se você não conhece nada sobre a minha cultura, não o tem o direito de fazer esse tipo de julgamento. Eu o aconselho que pare de tirar conclusões baseadas naquilo que a mídia mostra de ruim, vá conhecer as maravilhas do Maranhão e, quando retornar de viagem, me procure para falarmos baseados em experiência e não apenas em suposições.

Sem argumento para debater comigo, ele ficou igual um camaleão tentando engolir uma folha áspera sem mastigar.

Retomei o fôlego e continuei: Tenho certeza de que indo lá você descobrirá que o maranhense é simples, acolhedor, divertido, amoroso e guerreiro; que para servir bem é capaz de oferecer o quarto principal para você descansar e dormir no sofá.

Vendo-nos agir assim, talvez você pense que

somos bobos, contudo, para nós, é uma questão de respeito tratar alguém oferecendo-lhe o melhor, nos dando a honra de sua presença.

Diante da minha resposta, o sujeito olhou para o relógio, fingindo que estava atrasado. E pelo seu infeliz comentário comprovou que estava atrasado mesmo, na consciência, é claro.

Eu concluí: É o seguinte, querido, eu me apresento como ex-lavrador maranhense porque fui um. No tocante à questão dos incontáveis políticos desonestos que existem lá no Maranhão, desviando as verbas públicas desde sempre, não é motivo para eu me envergonhar da minha terra natal. Afinal, a honra suja não é a minha.

Portanto, é com muito orgulho que eu sigo a minha vida de cabeça erguida, com o peito transbordando de autoestima e com a dignidade lá em cima digo que o meu sucesso nasceu no meio daquele pântano de lodo e reduto de pobreza.

E por mais que o início da minha história tenha sido marcado pelo descaso de um sistema público gerido por ratos que devastam a moral do meu estado e tal lembrança me cause desconfortável sentimento de tristeza, eu jamais irei esconder a minha origem, apenas para proteger a minha imagem da opinião negativa de alguém.

A minha vitoriosa colheita é apenas fruto daquilo que eu plantei e conquistei como resultado do meu trabalho e dedicação.

A desagradável situação me mostrou que, para mantermos relações saudáveis, é preciso ter a consciência de que existe no interior de cada pessoa um espaço sagrado onde jamais devemos pisar, por se tratar de uma memória emocional.

Eu sou como uma árvore forte que enfrenta os vendavais, o calor escaldante do sol, a chuva torrencial e vence as turbulências dos temporais.

E quando alguém cobre seu entorno com concreto, a destemida árvore arrebenta o cimento sob o tronco e mostra as raízes.

22
Retomando a posse de si

Os defeitos que algumas mulheres lançam ao corpo e as condenações que fazem depreciando a aparência são imperfeições imaginárias e jamais serão percebidas pela visão masculina.

Eu juro por Deus que nunca vi um homem, decepcionado, triste e arrasado, comentando com os amigos que terminou um relacionamento porque descobriu que a mulher tinha celulite, estria ou quilos a mais.

Entenda bem o que quero lhe dizer. Você deve cuidar de sua aparência física e de seu bem-estar emocional, mental e equilíbrio espiritual.

Eu amo quem se cuida, mas quero lhe chamar a atenção sobre a falta de amor-próprio.

De fato, a maneira distorcida como certas mulheres enxergam a si mesmas é uma questão conceitual opressiva induzida pela indústria da beleza, que dita as regras sociais de como deve ser a mulher ideal a fim de ser valorizada.

Observando o comportamento feminino, noto que poucas mulheres se aceitam como são ou estão satisfeitas consigo mesmas. Nem aquelas de corpo bem-feito, que são lindas e têm uma boa condição financeira.

O que vejo são escravas em busca da perfeição inatingível.

Destroem, por sua vez, a autoconfiança, deixando instalada na mente uma crença errada a seu respeito, fazendo-a se sentir estranha, inadequada, magra ou gorda demais, feia, sem graça, inútil, sem valor e sem objetivos de vida.

Ao se tratar com violência emocional, a mulher cria uma imagem distorcida da realidade, trava uma guerra interna consigo mesma e não consegue passar em frente a uma farmácia sem subir naquela bendita balança logo ali na entrada, colocada em um ponto estratégico para deprimir quem tem problemas com a aparência, induzindo a pessoa ao consumo de produtos variados de beleza.

Como a balança não sabe nada sobre quem recebeu maus-tratos afetivos na infância, sempre acaba mostrando alguns quilos acima do peso ideal e a mulher, deprimida, desce da balança e desconta a frustração em uma açucarada e gordurosa barra de chocolate, que também foi colocada ali próximo ao caixa, para lhe adoçar a boca e aliviar a alma carente, lhe trazendo a sensação de acolhimento para a sua criança interior desaprovada e abandonada por pessoas infelizes que lhe educaram de forma errada.

Aqui vai uma dica. Resgate aquela garota sonhadora na infância, que estragava o estojo de maquiagem de sua mãe apenas para se produzir. Mesmo borrada, você se achava linda. Porque aquela criança era saudável e feliz.

Lembra-se daquela garota alto-astral que todo mundo amava curtir a companhia? Sabe, aquela menina sensível, lutadora, guerreira, atrevida, divertida, destemida, livre e cheia de sonhos? Aquela moça forte e ousada que tinha um brilho no olhar encantador que onde chegava tornava-se o centro das atenções?

Então, esse vazio interior e falta de contentamento que sente acontece porque você deixou de ser natural para ser o tipo ideal que agrada aos outros, e com isso apagou o brilho de sua estrela.

Mas, tenho uma boa notícia para você: aquela pessoa valiosa ainda existe em seu interior e jamais será separada de sua essência.

Você quer resgatá-la?

Para reacender a chama dessa presença, declare mentalmente agora mesmo a sua liberdade e retome a posse de suas vontades.

Para iniciar a sua transformação faça um corte de cabelo que realce os traços de beleza escondidos, expulse os invasores que a atormentam e tranque a porta de sua alma para evitar que os vampiros roubem a sua força.

Mude o figurino, renove a sua imagem, ponha um salto alto e olhe de cima para os seus problemas. Dessa forma, você verá o quanto eles são pequenos.

Coloque uma roupa que agrade apenas a sua alma e não se importe com opiniões contrárias à sua felicidade. Se dê de presente o controle de sua vida.

Críticas? Com certeza vão surgir muitas após a sua retomada de posse. Mas com o tempo todo mundo irá se acostumar com a sua nova postura.

Reveja seus conceitos, reassuma o seu poder e o comando de sua vida. Proteja-se, defenda-se, contudo, lembre-se de fazer a mudança de forma equilibrada.

Seja uma pessoa sábia. Coloque-se em primeiro lugar e não provoque seus inimigos que ficaram em último lugar. Não cometa o erro de ironizar quem ficou abaixo de você. Não desperte em seus rivais o desejo de a perseguir e derrubá-la do seu lugar de destaque. Aja com discrição e espalhe o amor e a harmonia, que essa energia voltará para você.

Eu jamais vou permitir que você baixe a cabeça e se entregue aos desafios que invadem seus sonhos e colocam seus planos em dúvida.

Há uma força em meu ser que usarei para inspirá-la a confiar que tudo vai ficar bem com você.

Porque a minha mente é como o colo de um pai amoroso e o meu coração é como um abraço de mãe, sempre abertos para receber quem encontra-se desnorteado e queira pousar e descansar a sua alma aflita no calor do meu afeto.

23
Amor ressoante

    Diariamente a sua imagem surge na minha imaginação, arrebata o meu espírito, preenche o meu coração de uma indescritível sensação, me leva para outra dimensão e me faz reviver inesquecível emoção, retornando no tempo até a última experiência que a vida nos concedeu como elo.

    A minha alma flutua quando você segura minhas mãos e, encantada com a minha presença, me olha expressando devoção, os meus lábios queimam de desejo e o meu corpo incendeia como um vulcão.

    O meu coração bate acelerado quando vejo seus olhos vívidos formando um clarão. Eu me sinto o mais bem-sucedido dos homens por ter o seu colo como abrigo para minha alma descansar.

    Perco o fôlego e suspiro dobrado quando você me faz um agrado; você reina absoluta, desfila só para mim e com seu charme de deusa astuta me deixa inebriado, me esconde no mistério dos seus lindos cabelos longos, que soltos ao vento, me laçam no embalo do seu irresistível gingado.

O seu quadril escultural me faz perder o sentido do meu próprio destino, fico tão abobalhado que nem lembro para onde estou indo. Mas também não me importa saber, pois, se estou com você não preciso mais ir para lugar algum, afinal, já cheguei onde gostaria de estar. Sou capaz de abandonar as malas no saguão do aeroporto, porque em sua companhia eu me sinto no topo.

Diante de suas curvas eu caio na tentação, me emociono como uma criança em um parque de diversões com os olhos cheios de esperança a descobrir que pode voar porque agora tem o próprio avião.

Reajusto o meu radar mental, traço o meu plano de voo, decolo na imaginação e quando coloco os meus pés na realidade, para a minha felicidade, desperto escutando o pulsar do seu coração.

Você é uma mulher que sonha alto como eu, e me procurou tanto entre as flores do jardim da humanidade que a pressa em me encontrar a fez se machucar nos espinhos ocultos dos arranjos, que recebera com falsas promessas de felicidade.

Muitos tentaram ocupar o meu lugar dentro do seu coração. Mas aqueles que fingiram ser eu, não passaram de aventuras que só lhe causaram decepção.

Sei que a minha presença é o único verso perfeito que dará um sentido harmônico à rima que vai compor a sua preferida canção.

No tempo de Deus o encontro mágico com a pessoa certa sempre acontece. Por isso, eu não tenho pressa, estou com a mente tranquila, a alma serena e o coração desocupado exclusivamente para recebê-la.

E nenhuma outra terá a chance de me confundir para me fazer perdê-la. Quando você aparecer no meu destino eu estarei expressando um arrebatador sorriso e a sua alma sensível encontrará no meu olhar a entrada do paraíso. E felizes viveremos um dentro do sonho do outro na condição de amor e amigos.

Na minha companhia você terá a certeza de que estando ao meu lado construirá um bem-sucedido futuro.

Você vai encontrar no meu colo a cura para o seu coração ferido, no calor do meu abraço acolhedor esquecerá a dor de seu sonho destruído, voltará a confiar no amor e reencontrará o elo perdido de sua essência e descobrirá na doçura do meu sabor o seguro do abrigo.

No exato momento em que você desembarcar na estação da minha sorte, eu irei correndo ao seu encontro, me lançarei em seus braços e lhe darei um abraço forte, para os nossos corações saudosos poderem pulsar um sobre as batidas do outro em uma melódica ressonância de acordes emocionais, reatando os laços que entre os nossos espíritos um dia foram rompidos.

Vamos nos dar as mãos e juntos vamos compor um casal de alto nível. Seremos como dois pássaros, parceiros, voando bem alto e sem medo do desconhecido.

Eu serei o seu porto seguro e você será o motivo do meu sorriso. Você é única pessoa e sempre será a permanente presença que terá acesso ao meu coração sem precisar de chave para entrar, porque você já está dentro de mim.

O que mais me encanta em você é que apesar de ser uma pessoa culta e bem-sucedida, há em sua essência uma moça simples, alto-astral, segura de si, linda, de bons costumes.

Você tem o dom da discrição e por mais delicada que seja a situação, nunca demonstra ciúme, até quando outra se aproxima de mim com segundas intenções; você sai de cena para eu me afastar sozinho da presença intrusa que perturba o nosso sagrado pedaço.

As mesmas coisas que se passam na minha cabeça passaram antes na sua e neste elo de cumplicidade permaneceremos de mãos dadas, mantendo fidelidade até a morada da lua. E todas as outras coisas não tenho pressa em saber, porque a única coisa que me importa é amar você.

Nesta viagem pelo universo das emoções deixaremos na imensidão uma imagem luminosa no formato de dois corações, para que outras pessoas tenham a esperança de saber que o amor existe e que elas também vão reencontrar aquela alma gêmea que um dia deixaram para trás, lá na morada espiritual.

O bom de ser poeta é que posso imaginá-la como quiser e, se quando me aparecer for o oposto, eu vou recebê-la com o mesmo gosto, porque a poesia me deu asas para meu espírito amá-la de um jeito livre e solto.

Vou cuidar de você de uma forma tão carinhosa que vai achar que eu não existo e sou uma miragem. Mas, no final de tudo, vamos subir o tom da nossa canção rimando e remando na mesma direção, no infinito mar da paixão. E até a eternidade seremos a força da união.

24
Sucesso é quando você transmite felicidade

Sucesso é quando uma pessoa tem presença de espírito, enxerga o lado positivo das situações e ao deparar-se com quem está passando por um momento complicado, age de maneira bem-humorada, lança palavras de conforto levantando o astral e, com a luz de sua presença, transmite sentimentos e pensamentos elevados.

Às vezes, para tirarmos uma pessoa do buraco não precisamos de muito, basta uma piada que já é o suficiente para fazer a pessoa gargalhar e sair da angústia que atormenta sua alma. Com isso, respira aliviada e ganha força para enfrentar e vencer o desafio.

Atravessamos momentos em nossa vida em que tudo parece não ter mais sentido para continuar, não enxergamos um palmo diante do nariz e a cabeça, atordoada com o turbilhão de pensamentos negativos, coloca tudo em desarmonia, distorce a realidade, apaga o brilho de nossa alma, rouba os nossos sonhos e tira a graça de todas as coisas que nos encantavam na infância.

Nessas horas de conflito existencial, o desânimo é tão grande que, ao pararmos diante de um espelho, sentimos um terrível desconforto. É quando avistamos aquela imagem feia do que sobrou de nós em forma de um caco humano, que o espelho impiedosamente mostra se apresentando para a nossa baixa autoestima, revelando um monstro imaginário configurado em nossa aparência.

Na sequência surge uma voz maldosa na mente que entra em ação, se aproveitando de nossa fragilidade interior para nos autossabotar com críticas.

Os defeitos que a sociedade nos colocou parecem ter ofuscado o brilho das qualidades que Deus criou!

Devemos nos atentar porque, quando nos rejeitamos, automaticamente nos tornamos vulneráveis aos nossos próprios pensamentos autodestrutivos que, como monstros internos, agressivamente nos atacam, nos oprimem, nos desaprovam, nos julgam e nos condenam por erros que não cometemos. Com isso estamos atuando contra nós mesmos.

E é por essa razão que nada se encaixa no imenso espaço vazio que nos consome interiormente, nos roubando a força de vontade, nossos planos, nossos sonhos e as possibilidades de uma vida próspera e feliz.

Não comente seus projetos, sonhos e planos antes de concretizá-los. Realize-os primeiro e deixe que o seu sucesso fale por si mesmo.

Evite ativar nas pessoas frustradas, de seu convívio, a energia da inveja; tenha consciência de que elas podem vibrar forças energéticas contrárias que afetarão o bom andamento e o fluir natural de suas coisas.

Lembre-se de que outras vezes você estava feliz com algo, entrou em estado de euforia, falou demais antes de concretizar e de repente tudo travou, quando pessoas maldosas interferiram e alteraram o seu destino, manipulando energias negativas para impedi-lo de alcançar algum objetivo.

Entenda bem a minha mensagem. Não estou recomendando que deixe de ser você mesmo para agir como um robô ou com a mente focada na maldade das pessoas.

O que eu quero dizer é que existe lugar e momento para expressar tudo que você quiser, desde que você esteja se relacionando com as pessoas certas.

Mantenha-se em conexão com Deus por meio da oração. Convide a presença divina para fazer parte de sua vida e guiar seus passos.

Em ambientes profissionais ou na convivência com pessoas frustradas aja com sabedoria e viva a sua felicidade com discrição.

Deixe para mostrar os dentes para o seu dentista, pois ele é a única pessoa deste mundo que de fato quer ver seu sorriso. Afinal de contas, é no sorriso das pessoas que o resultado do trabalho dele se faz.

Pensando em ajudá-lo a planejar a sua meta, quero lhe transmitir uma dica de ouro. Em vez de anunciar para todo mundo o que deseja alcançar, coloque o seu plano em ação e guarde segredo de sua plantação.

Eu, por exemplo, não comento com ninguém que estou escrevendo meu novo livro. Fecho o bico, coloco a mão na massa, concentro a minha energia e foco na concepção da obra; elaboro o projeto, faço várias reuniões com meu editor, Marcelo Cezar, um anjo da guarda enviado por Deus para iluminar o meu caminho. Ouço as opiniões do meu orientador, que me aponta as melhores sugestões, anoto suas dicas e observações para fazer os ajustes necessários; quando concluo a minha parte, entrego o original da obra para a competente equipe da editora Vida e Consciência fazer a preparação e revisão final e, quando o livro fica pronto, eu apenas publico uma foto da capa e um aviso informando sobre o lançamento da minha obra, à venda nas livrarias de todo o Brasil.

É mágico me deparar com a expressão de admiração das pessoas encantadas, me perguntando onde encontro tempo para criar tanta coisa inspiradora.

Eu respondo que durmo menos, trabalho mais, falo menos, ajo mais, gasto menos do que ganho, economizo meu dinheiro objetivando investir nas minhas metas e compromissos, me aproximo de pessoas que têm um nível muito mais elevado que o meu, aprendo o máximo que posso com a experiência delas, coloco em prática o conhecimento que adquiro e com o meu esforço, dedicação e disciplina crio a realidade na qual me encontro hoje.

25
Ninguém muda ninguém

Quando me deparo com uma pessoa que é muito criticada por apresentar um comportamento acima da média, sendo positiva e tendo sucesso na sua carreira, lembro-me de uma observação do meu amigo, o escritor César Romão, que descreve o comportamento do caranguejo, que me inspirou a criar esta mensagem.

Segundo ele, quem ousa fazer algo que o coloca em um patamar diferenciado das demais pessoas, geralmente torna-se como o caranguejo corajoso que, após ser pescado e colocado dentro de um balde, na companhia de outros caranguejos, decide sair do balde e, então, os colegas, ao perceberem que ele está saindo do grupo, o puxam para baixo todas as vezes que está quase conseguindo subir.

Depois de inúmeras tentativas frustradas pela ação dos colegas o puxando para baixo, já esgotado de lutar por sua liberdade, o caranguejo desiste de sair do balde.

Ele se junta aos outros derrotados, transforma--se em mais um no meio da multidão, condicionado pela acomodação, conforma-se em permanecer na companhia dos desmotivados, que aceitam o obstáculo como situação instransponível, e quando ele percebe que precisa fazer alguma coisa para não virar caldo, é tarde demais para tomar uma decisão, pois já está dentro de uma panela quente para ser cozido.

Moral da história: Com aquelas garras longas, se os caranguejos tivessem consciência de que a união faz a força, bastava um ajudar o outro a subir e quem chegasse ao topo estenderia as garras para aquele que ficou embaixo subir também e, trabalhando em equipe, todos venceriam.

O problema é a pessoa que é pobre de espírito; em vez de aprender com quem está fazendo a coisa acontecer prefere apagar o brilho de quem está se destacando. Não percebe que se apagar a luz de alguém de seu convívio, ela também ficará no escuro.

Eu particularmente amo quando alguém brilha com mais competência que eu porque tenho uma presença iluminada acima de mim. Do topo, a luz da pessoa acaba também clareando meu caminho, facilitando meu destino.

Talvez o seu maior incômodo na convivência diária seja se adaptar ao comportamento imprevisível das pessoas que apresentam uma constante alteração de humor.

As emoções dessas pessoas se movimentam como uma roda gigante que, uma hora está lá em cima e, de repente, já está lá embaixo.

Pessoas assim, quando estão de alto-astral, chegam sorridentes em casa, ou no trabalho, e falam com todo mundo esbanjando simpatia e atenção. Mas quando a roda do equilíbrio gira e o astral desce, elas chegam aos mesmos ambientes e simplesmente passam caladas, a passos rápidos e de cabeça baixa, para não serem vistas e, muito menos abordadas, para não terem de explicar a mudança de humor repentina que agora consome seu autocontrole.

Trancam-se em seu mundo íntimo conflituoso e não querem manter contato com ninguém, enquanto não vencerem a guerra contra os seus próprios sentimentos, que as atacam silenciosamente, oprimindo-lhes o peito.

Aliás, nessas horas de recaídas emocionais, o que elas mais precisam é desse distanciamento, para reencontrarem a harmonia interior.

Poucas pessoas de seu convívio entendem que é assim que elas funcionam, e raras são aquelas que respeitam os momentos tão difíceis de quem passa por esses altos e baixos emocionais.

As pessoas que estão acostumadas a viver demonstrando aquela alegria de fachada, que na verdade não passa de uma felicidade dos dentes para fora, não suportam ter que engolir esse silêncio deixado por quem muda de humor sem motivo aparente. Para elas, dói mais serem ignoradas do que serem ofendidas.

No entanto, antes de você rotular alguém nessas condições de forma negativa, com frases do do tipo, "essa pessoa é uma desequilibrada, mal--educada e neurótica", e demais carimbos pejorativos que colocam tantas pessoas em situações de exclusão social, repense o seu comportamento, e tente não ser mais um peso sobrecarregando o fardo que elas já carregam intimamente.

Se você não puder fazer nada para ajudar alguém a sair do buraco, pelo menos tente não exaltar nelas mais um ponto fraco.

Evite fortalecer na mente da pessoa um conceito negativo, para que essa crença destruidora não permaneça, a colocando abaixo das suas potencialidades.

Procure não ficar só criticando, por que, dependendo das palavras que usar, em vez de construir você cavará um abismo no íntimo da pessoa.

Pode ser que a pessoa tenha sido criada por familiares autoritários, e com isso, tornou-se frágil emocionalmente.

Lembre-se de que o elefante criado em cativeiro desde pequeno é amarrado por correntes que jamais poderão ser quebradas. E depois de tantas tentativas frustradas em busca da liberdade, ele desiste de lutar para se livrar das amarras. Depois disso, basta tirar as correntes e amarrá-lo com uma cordinha bem fraquinha, que ele continuará se sentindo limitado e aceitando o condicionamento que o mantém aprisionado.

Porque o gigante se esqueceu de sua própria força.

Mas quem o faz prisioneiro precisa ficar alerta, pois, a qualquer momento, até um vento pode lhe soprar ao ouvido, informando que as amarras não existem mais e que ele pode sim, reativar o seu instinto, redescobrir o seu poder, arrebentar a corda e retomar a posse de sua liberdade.

26
Antídoto para veneno de cobra

O mercado corporativo é uma selva cheia de feras muito perigosas que, em busca de um domínio crucial sobre os outros, disputam território e demarcam espaço a qualquer preço.

Dentro de uma empresa existem dois grupos de funcionários: o primeiro é composto por pessoas idealistas, de presença nutritiva, que têm grandes sonhos; são mentes criativas, almas sensíveis, que amam o que fazem, que abraçam a causa e política da empresa, capazes de trocar o seu dia de descanso pelo bom andamento das atividades da empresa.

São corações honestos que vestem a camisa da empresa, que dão o sangue pela marca que representam, oferecem sempre o seu melhor, enxergam o trabalho que desenvolvem como uma oportunidade de cumprir uma missão espiritual e não apenas uma obrigação profissional.

No entanto, a grande dificuldade dessas pessoas é que elas não se misturam com quem não traz essas mesmas qualidades bem afloradas e acabam em confronto com as mentes maldosas que encontram dentro empresa. Arrumam inimigos mortais, que revidam sua indiferença com perseguições e armações para tirá-las de seu caminho.

O outro grupo é composto por pessoas acomodadas, desmotivadas, frustradas, infelizes, que estão ali apenas preenchendo um posto de trabalho em troca de um salário, pelo qual elas não têm a mínima gratidão.

Vivem reclamando da sorte, sem ambição de construir um futuro melhor, fingem o tempo todo que estão trabalhando, mas na verdade não passam de sugadores que travam a energia de prosperidade da empresa, impedindo-a de decolar e expandir o seu crescimento.

São pessoas que, por trabalharem em algo que não gostam, sentem inveja de quem se destaca na equipe. E, por isso, transformam-se em cobras traiçoeiras que venenosamente estão sempre prontas para dar o bote fatal e puxar o tapete de quem conquistou a admiração da chefia.

Vivem criando intrigas, provocando discórdias, fazendo fofocas, objetivando manchar a imagem de quem desejam derrubar e, com a demissão daquela pessoa que vive sendo enaltecida, possam aliviar o terrível desconforto da dor de cotovelo causado pela falta de ânimo para fazer uma mudança interna.

Porém, dificilmente a direção da empresa perceberá os jogos e armações que essas almas sofredoras fazem para arruinar a credibilidade de um colega de trabalho. É que as mentes maldosas agem de forma discreta, justamente para não transparecer que estão manipulando as situações e usando a liderança da empresa para sujar a imagem de quem elas desejam destruir.

Como agir diante de gente assim?

Se você pretende continuar na equipe, não se envolva, também não declare guerra contra quem o seu santo não bate. Apenas faça a sua parte e seja pelos menos sociável, estabelecendo um laço de profissionalismo.

Na sociedade competitiva em que vivemos somos julgados pelo que temos e não pelo que somos; se não estivermos bem atentos às armadilhas que dominam a mente das pessoas, fatalmente cairemos no abismo das comparações.

Com isso, acabaremos desenvolvendo um terrível sentimento de inferioridade que nos fará esquecer o nosso valor e voltar o nosso olhar só para a vida dos outros, tentando preencher o vazio que existe dentro de nós.

    Diante disso, cheguei à seguinte conclusão: Em de vez de me deixar levar pelo sentimento de inveja e torcer contra o crescimento e a felicidade de alguém que está indo muito bem, prefiro me inspirar em seu exemplo de sucesso para me desenvolver e chegar lá também.

    Porque quando há uma pessoa de presença brilhante seguindo em nossa frente, a sua luz acabará iluminando o caminho por onde vamos trilhar rumo ao nosso objetivo.

    Existem pessoas que sentem um prazer sarcástico em provocar a inveja nas outras e se divertem com quem vive aos trancos e barrancos. Eu odiaria conviver com pessoas apagadas, sentindo-se inferiorizadas diante do meu sucesso, arrastando-se aos meus pés, vivendo em condições precárias, lamentando-se na sombra do isolamento e raivosas com meu crescimento.

    Entendo que quanto mais gente brilhar, mais equilibrado o mundo terá, porque o universo é infinitamente abundante! E por esta razão há espaço para que todos mostrem o seu valor e conquistem seu prestígio.

    Aliás, o céu só é lindo porque todas as estrelas brilham juntas.

27
A prosperidade só entra onde há energia positiva

Em vez de guardar rancor e transmitir um sentimento de ódio por quem o decepcionou, agradeça por ter se livrado da energia da desonestidade. Desligue-se da imagem negativa de quem já faz parte do passado, volte o seu olhar de maneira confiante para a frente.

Sinta-se leve, livre e com a alma solta. Abra-se para receber o que há de mais belo, próspero, rico, positivo e construtivo.

Pode ter certeza de que com sentimento elevado ativado e trabalhando energeticamente a seu favor tudo será transformado em seu interior, tornando você uma força atrativa só de coisas boas. Use o bom senso e separe o joio do trigo.

Não é porque alguém o enganou que você irá considerar o caráter do outro igual ao daquele que lhe passou para trás.

É normal que uma alma machucada se torne desconfiada com medo de se ferir novamente, mas você não pode trazer para o presente as experiências amargas de seu passado, considerando que ninguém no mundo presta.

Desfaça o laço com quem não o valorizou e mantenha vivo o sonho de encontrar um grande amor. Tenha certeza de que assim como você existe alguém também muito especial o procurando.

Coloque a sua mente em sintonia com coisas positivas e você verá algo mágico acontecer em sua vida. As suas ações, as suas escolhas, as suas obras e seu comportamento ficarão como rastros, impressões digitais e resultados que nunca serão apagados do caminho que você decidir trilhar.

Por isso, deixe marcas positivas e memórias construtivas no coração das pessoas que cruzarem a sua estrada. Faça o bem sem olhar a quem. Seja o bem para o seu próprio bem.

Assim, você se sentirá leve, suas coisas fluirão com mais facilidade e você ainda receberá uma energia muito boa quando alguém se lembrar de que um dia respirou aliviado por poder contar com sua presença.

Talvez aquela meta que tanto almeja conquistar ainda não deu certo porque você está colocando toda a sua atenção e energia somente nas experiências negativas que já teve.

Para chegar lá, você precisa parar de buscar a felicidade carregando nas costas a infelicidade. Deixe de olhar para trás reativando lembranças de momentos desagradáveis. Mude a sua estratégia e concentre-se somente naquilo que você quer vivenciar.

A vida é como um carro que segue conforme a direção que escolhemos. Não podemos dirigi-la olhando para o caminho que já percorremos.

Por isso, procure cuidar bem do ambiente em que você vive, coloque os seus armários em ordem, faça doação de tudo que não usa mais, livre-se de coisas quebradas e desocupe o espaço para que a vida lhe traga boas coisas novas.

Coloque sempre um aromatizador de ambiente para deixar no local em que vive aquela gostosa sensação de bem-estar e equilíbrio emocional. Isso afasta as presenças espirituais trevosas e traz a companhia dos amigos da luz.

Cuide bem de sua aparência, arrume-se, vista-se com roupas alegres, nem que seja só para você mesmo. Não importa se você mora em uma casa simples, o que você não deve é deixar o seu lar com ar de descuido.

Na verdade, a pobreza não é a falta de algo, pobreza é a desorganização de quem não sabe cuidar com capricho daquilo que tem.

Saiba que mantendo o astral elevado, você atrairá energias semelhantes às que você emana.

28
Ativando a lei da atração

O seu pensamento tem o poder de um ímã que atrai tudo o que você coloca atenção, direciona a energia e concentra o sentimento.

Quando você guarda dinheiro planejando que ele será usado em alguma situação de emergência ou em um caso de imprevisto, na verdade você está é se programando para receber coisas ruins em sua vida.

Como você está esperando pelo pior, acontece mesmo. Observe que toda pessoa que mantém uma farmácia dentro de casa vive atraindo exatamente as doenças compatíveis com os remédios guardados no armário.

A pessoa não tem consciência de que agindo desta forma está ordenando ao universo que lhe mande os problemas para que ela tenha a oportunidade de usar o seu dinheiro investido em medicamentos.

Que tal juntar dinheiro mentalizando que essa economia que você faz é para realizar um sonho de infância, para aplicar em seu bem-estar, investir no seu desenvolvimento e em sua felicidade?

Já que você vai se programar para juntar dinheiro, faça isso com a intenção de atrair coisas boas. Agindo dessa forma, as leis cósmicas entrarão em ação, agindo a seu favor, criando situações que promoverão o encontro de seu planejamento com algo positivo que lhe trará prazer.

Na época em que eu morava na roça sempre fazia amizade com pessoas que viviam em uma condição de vida melhor que a minha, visando crescer e atingir o mesmo patamar que elas.

Há algo curioso que me chama bastante a atenção. Quanto mais eu vejo com bons olhos o sucesso e felicidade das pessoas, magicamente mais pessoas prósperas e bem-intencionadas aparecem em meu caminho, oferecendo oportunidades e me abrindo portas para a felicidade.

Então, por uma questão de afinidade com a energia da riqueza, desde cedo sempre tive um olhar positivo e contemplativo para pessoas ricas e bem-instruídas. A presença luminosa delas sempre me encantou.

Creio que pessoas ricas são o orgulho de Deus porque elas descobriram em si um tesouro de potenciais e manifestam a infinita riqueza divina.

Hoje reconheço que isso fez toda a diferença no meu desenvolvimento. E o fato de conviver com pessoas cultas, bem-sucedidas e bem resolvidas consigo mesmas é algo extremamente libertador, revelador, inspirador e enriquecedor para mim.

Elas nos ensinam, por meio da postura comportamental correta, como as leis espirituais da prosperidade funcionam. Hoje essas pessoas simplesmente surgem no meu caminho das mais variadas formas. Ou seja, a energia positiva só flui a favor de quem tem atitude correspondente com a abundância.

Ainda cedo descobri que a minha missão de vida é encontrar respostas para os conflitos existenciais da alma humana e servir os corações aflitos com palavras de força e encorajamento. E dessa missão eu farei o meu refúgio até o meu último segundo de existência.

Jamais deixarei qualquer pessoa que cruzar o meu caminho esmorecer ou ficar triste pelos cantos achando que nada de bom irá acontecer na vida, incluindo você, que não me conhece pessoalmente.

Nem pense que vou deixar você desanimar ou se sentir sozinho, pois em minha essência há um palhaço para as pessoas tristes, um poeta para as sensíveis, um motivador para as que se encontram fracas e um amigo para as que se sentem sozinhas no meio do turbilhão da solidão.

Eu sou guiado por um sentimento elevado que transborda em meu peito trazendo a inspiração em forma de solução para quem se encontra perdido na escuridão de seu próprio interior.

Porque Deus colocou-me aqui no mundo para ser a presença do amor. E é exatamente isso que eu serei na vida das pessoas que cruzarem o meu caminho. Sinto uma vontade intensa de acolher e cuidar de cada coração que se encontra apertado; se eu pudesse, dormiria menos e passaria mais horas em claro acordando as pessoas para a vida.

Por isso, quero dizer a você, que pertence ao meu seleto grupo de amigos, inclusive os virtuais que me seguem por meio das redes sociais, que a sua felicidade é minha também.

Quando uma pessoa amiga está bem, a minha vida torna-se muito mais equilibrada e com o meu coração sentindo-se forte, o meu astral eleva-se e a minha existência ganha um significado muito positivo.

Agora se você estiver infeliz eu também me sinto triste por ter um soldado a menos no meu exército do bem.

Saiba que diante de qualquer situação pela qual esteja atravessando, não importa o seu desafio, lembre-se de que você pode sempre contar com um ombro solidário para pousar a sua alma aflita. Muitas pessoas ainda não tomaram consciência de sua capacidade interior e usam esse poder de forma errada contra si mesmas, atraindo exatamente aquilo que elas mais têm medo de que aconteça em sua vida.

Observe que toda pessoa com medo de cachorro, raiva de gente falsa, acredita que todo chefe é mala, tem fobia de barata, possui aquela falida crença que nenhum homem presta, justamente por manter-se conectada com as forças movedoras opostas aos seus sonhos, acaba tornando-se um ímã dessas companhias indesejadas. Você já observou isso?

O mais impressionante é que, quem não conhece o poder que tem de transformar em realidade o que sintoniza, mesmo nos lugares mais improváveis, sempre atrai as presenças que lhe fazem tanto mal.

Portanto, se você tem um sonho procure manter em sua mente a imagem bem definida daquilo que você realmente quer conquistar. Cultive em seu coração o sentimento elevado de gratidão, considerando-se uma pessoa merecedora do objetivo que você está buscando alcançar.

Una-se a pessoas que estão acima da média realizando grandes projetos, aprenda com elas o segredo que as levou ao topo, assuma perante o universo a ideia de que você é uma presença representante da herança de Deus, apta a manifestar a abundância divina.

Faça sua parte com capricho, ofereça o seu melhor em tudo que for fazer, apresente um diferencial no serviço que oferece.

Escolha surpreender a expectativa das pessoas com algo mágico, desperte o sorriso de quem cruzar o seu caminho; agindo assim a felicidade das pessoas chamará a atenção de outras e fará a sua propaganda, exaltando a sua imagem como uma pessoa causadora de bem-estar, pagando o preço de seu sonho, sem questionar o valor que está investindo no desenvolvimento de suas competências.

Alimente a alma com a certeza de que o universo inteiro sempre corresponde harmoniosamente com suas atitudes construtivas, interagindo com você por meio de situações, aparentemente obras do acaso, para promover o seu encontro com o sucesso.

Colocando essa presença de espírito nas suas ações, pode ter certeza de que uma inspiração inesgotável se ativará em seu campo espiritual, criando assim uma conexão fluídica com a prosperidade, transformando tudo que você colocar as mãos em realidade.

Faça uma experiência e descubra na prática a força da palavra dita com sentimento, convicção e direcionamento energético: internalize como verdade a evocação "Ativando a lei da atração". Mas para que a prática seja eficiente procure exprimir durante o exercício um sentimento de certeza.

Por meio dessa poderosa ativação mental a sua força vai criar uma sintonia fluídica que materializará seus desejos. Afirme as palavras logo abaixo, potencializadas como um comando mágico obediente às suas ordens, transformando as suas vontades em realidade.

Declare expressando força, confiança e determinação:

Eu olho para mim com aprovação e reconheço que sou uma semente rara e bem-sucedida desde a minha concepção.

Venci milhões de concorrentes na hora da fecundação. Acertei o alvo e ganhei a vida, porque sou um espírito campeão.

Eu sou a essência do melhor vivendo conscientemente em ação. Eu sou uma força construtiva e escolho ficar acima das situações limitantes como um sol que espalha calor e luz.

A vida age em meu favor porque eu faço a minha parte e me dou valor. E quanto mais eu agradeço, muito mais eu mereço.

Eu vivo a vida que sempre sonhei um dia alcançar. Eu vivo em harmonia desfrutando o presente com satisfação. Eu vivo com alegria o prazer do equilíbrio e bem-estar.

Todos os meus sonhos são possíveis, eles estão na palma das minhas mãos. Estou no comando das minhas vontades contemplando a concretização do meu coração.

A vida age em meu favor porque eu faço a minha parte e me dou valor. E quanto mais eu agradeço, muito mais eu mereço.

O universo inteiro está de braços abertos para mim e trabalhando para que as coisas boas aconteçam em cada escolha que eu fizer. As portas do melhor se abrem facilmente para me trazer melhores oportunidades.

Meu progresso avança livremente a passos largos. Eu já nasci com a estrela da sorte brilhando e tudo que eu toco traz prosperidade e felicidade para mim e para o meu semelhante.

A vida age em meu favor porque eu faço a minha parte e me dou valor. E quanto mais eu agradeço, muito mais eu mereço.

Meu pensamento é uma lei que diz sim para tudo que eu acredito. Meu sentimento é positivo e sempre me revela o melhor caminho.

A minha força está conectada na ordem do bem que eu sintonizo. E eu sigo a minha luz porque que nela sei que nunca estarei sozinho. A vida age em meu favor porque eu faço a minha parte e me dou valor.

E quanto mais eu agradeço, muito mais eu mereço.

Sim, eu sou um ser qualificado com o selo da perfeita criação. Enxergo longe como uma águia dourada que alcança a imensidão.

Tenho garras afiadas e asas na imaginação.

29
Bondade tem limites

O grande erro de muitas pessoas é que se encantam pelo jeito de ser de alguém e depois a que conquistam, querem mudar a pessoa amada.

Entretanto, se você abrir mão de sua maneira de ser para se adequar às exigências de outra, dentro de pouco tempo perderá seu encanto, anulará o poder magnético que faz de sua presença alguém atraente.

O curioso é que ao deixar de ser você mesmo para atender aos anseios de alguém, tudo em sua vida andará para trás e a pessoa manipuladora simplesmente vai enjoar da presença sem graça na qual ela o transformou.

O que acontece é que a pessoa ficará infeliz por ter que aturar seu beijo sem graça. Por fim, irá buscar o sabor da vida em outra fruta.

Por isso, aja com honestidade consigo mesmo.

Diga não às manipulações e diga sim às suas vontades, colocando-se em primeiro lugar, porque quanto mais você estiver do lado de sua verdade, mais a sua presença demonstrará dignidade e despertará a luminosidade de seu interior, transformando você em uma peça de muito valor.

Não perca tempo tentando mudar o jeito de ser de alguém, pensando em sua própria felicidade.

Cada um de nós está em um nível de evolução, vencendo as limitações, superando os pontos fracos no decorrer da existência, conforme passamos pelas experiências que a vida coloca em nosso caminho como aprendizado, para despertar a consciência e maturidade espiritual.

Procure compreender e aceitar o outro como ele é.

Talvez você seja daquele tipo de homem que valoriza muito a questão da aparência, adora uma mulher sarada, bem arrumada, que tenha bom gosto para se apresentar, que use um perfume de primeira linha e que tenha noção do tipo de adereço que combina com o perfil de seu corpo.

No entanto, você só reclama que a companheira gasta muito investindo na aparência. Ou seja, você nunca parou para analisar que a beleza desfilando ao seu lado tem um preço a ser pago.

Saiba que para uma mulher manter-se esbanjando saúde, elegância, boa aparência e bem-estar custa muito, principalmente para ela.

Além da responsabilidade dos afazeres profissionais, ela tem a casa para cuidar, muitas vezes filhos para educar, o cansaço da academia para enfrentar, a disciplina da alimentação para manter o peso e ainda ter tempo para servi-lo com o melhor de si.

Em vez de criticar, brigar, ofender a honra da companheira, faça acordos e planos que tenham como objetivo equilibrar os gastos.

Estabeleça com a mulher um valor do orçamento do casal só para ser usado nos cuidados com a imagem dela.

Jamais use a força bruta para cobrar dela uma mudança de conduta. Lembre-se de que a mulher é um ser extremamente emocional, sendo assim, palavras ásperas abrem feridas irreparáveis na alma dela.

Aja com sabedoria e o resultado será só alegria para ambos. É muita imaturidade de sua parte exigir que uma pessoa seja como você deseja.

É a mesma coisa que forçar uma lagarta a deixar o casulo antes de atingir o seu processo de amadurecimento, que vai transformá-la em uma encantadora borboleta que, após cumprir seu ciclo de desenvolvimento, deixará de se arrastar, ganhará asas e conquistará o direito de voar bem alto, colorindo o infinito.

Antes de fazer uma crítica falando tudo que lhe vem na cabeça, mesmo que a sua intenção seja construtiva, saiba que, ao colocar o dedo na ferida de alguém, em vez de abrir a consciência da pessoa, você acabará destruindo a possibilidade de um diálogo que possa levá-la à compreensão dos fatos.

Cada um tem o seu tempo para vencer as limitações e alcançar melhores condições. Não force a barra tentando fazer a borboleta deixar o seu casulo e voar antes de atingir a maturidade.

Cuidado com o uso das palavras ao expressar o seu ponto de vista. Tenha consciência de que palavras que atacam o ponto fraco de alguém não transformam as inseguranças em coragem; apenas causam dor emocional e ativam o sistema de autodefesa de quem está sendo pressionado a fazer uma mudança antes do despertar da confiança.

Guarde essa: Palavras erradas são como espadas e palavras certas são como asas. Uma pessoa estúpida usa o poder da palavra para enfiar uma espada emocional no coração das pessoas de seu convívio, tratando-as com grosseiras, causando dor e sofrimento.

Podemos usar a força da palavra construtiva para acender a luz das almas feridas, oferecendo o acolhimento, a proteção, a cura e lhe devolvendo as suas asas perdidas.

Quanto mais pessoas apagadas ao nosso redor, mais escuridão haverá à nossa volta, nos impedindo de enxergar mais longe.

Porque, quando colocamos alguém para baixo, ficamos condicionados a ter como paisagem o rosto triste de quem empurramos para o fundo do poço.

Mas quando usamos a inteligência e ajudamos os outros, descobrimos que, quanto mais colocamos as pessoas para o alto, mais a presença iluminada delas nos dará a oportunidade de olhar para cima e contemplar a existência de Deus brilhando no topo.

Quando se doa demais, você se desvaloriza e acaba cometendo um grave erro comportamental que destrói a relação de muitas pessoas.

Saiba que ao se doar demais você coloca quem só recebe na condição de seu devedor.

Observe que quanto mais oferece, menos reconhecimento você recebe pelo excesso de generosidade, pois embora a pessoa esteja sendo beneficiada pela sua dedicação, em vez de sentir gratidão pelo que você oferece, o que despertará nela é uma estranha sensação de culpa que, em forma de uma voz acusadora, faz cobranças imaginárias e gera desvalorização pela ausência de uma troca justa entre vocês.

Em casos assim, a pessoa, mesmo recebendo tanto de você, passa a enxergar tudo o que você faz como se estivesse apenas cumprindo com a sua obrigação.

É comum encontrarmos alguém, que só recebe, reclamando: Você nunca me deu nada. Trata-se de um processo emocional de autossabotagem, gerado pelo orgulho ferido, em que a pessoa, sentindo-se inferiorizada pela presença valorizada do outro que lhe serve, torna-se ingrata só para não enaltecer a imagem daquela que tanto a beneficia.

Entenda que a postura de ingratidão é na verdade uma forma de autodefesa do ego da pessoa, que, inconscientemente, prefere desprezar a sua bondade do que expressar um gesto de agradecimento pelo seu zelo sem limites.

Aprenda a usar a lógica da ausência para que a pessoa possa descobrir o valor de sua presença. Pare de atender todas as necessidades da pessoa.

Em vez de sempre dizer sim, diga "eu vou ver o que posso fazer dentro das minhas possibilidades e depois lhe falo. Não lhe garanto atender à sua solicitação agora. Tenho outras prioridades em andamento e não posso comprometer o progresso daquilo a que já dei início".

Deixe a pessoa usar a inteligência para buscar a solução e se virar sozinha em certas questões. Porém, ao adotar uma postura que visa a impor limites, aja com sabedoria, use um tom de voz amoroso e gentil para conduzir a conversa.

Evite apagar a estrela da pessoa e manter gente dependente ao seu lado. Lembre-se, quanto mais estrelas houver no alto brilhando, mais luz haverá para iluminar o seu caminho.

Quando você carrega a pessoa nas costas, lhe oferecendo até o que você não pode, você age como se estivesse dizendo: Eu cuido de você, porque você é incapaz de conquistar o que lhe dou com o seu próprio esforço.

Se estiver em melhores condições do que a pessoa, em vez de oferecer o peixe já pronto, ensine-a a pescar e a preparar o próprio prato.

Porque nada é mais gostoso do que sentir o sabor do tempero que faz a nossa própria receita de sucesso.

Quando realizamos algo usando a nossa própria capacidade de produzir, desabrocha em nosso interior a incrível sensação de dignidade e autoconfiança, que eleva a nossa autoestima, levanta o nosso astral e faz a nossa estrela brilhar em nosso olhar.

30
A palavra tem poder

Cuidado com o uso errado da palavra ao fazer os seus pedidos perante o universo. Pois o verbo é uma força energética muito poderosa usada para manifestar aquilo que você quer que aconteça em sua vida.

Por exemplo, nunca peça a Deus que dê felicidade aos seus inimigos. Pois, às vezes, a felicidade de seus inimigos é ver você sofrer. Peça a força divina que abençoe a vida de quem age contra o seu progresso e que o bem adormecido naquele coração desperte, transformando a pessoa em um canal de bondade.

Saiba pedir, pois o seu desejo é como uma ordem para o universo, que fará de tudo para atender sua vontade. Lembre-se de que a palavra tem poder. Por isso, use-a de maneira correta quando for pedir ao universo que lhe traga alguém para um relacionamento afetivo sério.

Seja uma pessoa objetiva e enfatize que está buscando alguém compatível com o seu nível de maturidade.

Às vezes, a pessoa vive desesperada em busca de uma alma gêmea, mas não expressa claramente como deve ser quem ela sonha em ter como companhia e depois acha ruim quando a vida coloca em seu destino uma pessoa grudenta, carente e pegajosa, que fica na sua cola vinte e quatro horas, tirando a sua liberdade, roubando a sua paz de espírito, querendo a sua atenção a todo momento, sufocando-a com cobranças e torrando sua paciência com ciúmes.

O ideal é pedir para encontrar alguém saudável, inteligente, com autoestima elevada, que lhe traga prosperidade, fidelidade, companheirismo, cumplicidade, bem-estar, liberdade e felicidade.

Muitas pessoas não têm consciência do poder da palavra, querem uma coisa e perante o universo declaram outra.

É comum encontrarmos alguém dizendo: eu queria tanto isso, eu queria aquilo. Mas quem se comunica desta forma não observa que a palavra "eu queria" é uma expressão que coloca o querer no passado, a vontade no presente e a força realizadora no futuro, tornando o que pedem em algo que jamais vai se concretizar.

Se você de fato quer atingir um objetivo, aja com clareza. Esteja com toda a sua força interior focada no momento presente.

Imagine que Deus acessa agora o computador Dele. Analisando a extensa lista de pessoas que esperam por um grande amor, Ele decide que você será a pessoa sortuda do dia, escolhida para receber alguém especial em sua vida.

Também faz com que a pessoa destinada a você venha com todas as características compatíveis com aquilo que o fará feliz: Uma pessoa linda, fiel, inteligente, romântica, próspera, culta, amável, alto-astral e bem resolvida consigo mesma.

Deus chama o anjo que trabalha na aprovação dos relacionamentos e ordena que o ser angelical venha até a Terra e abrace qualquer resposta que você der.

Cumprindo a vontade divina o anjo aproxima-se de você e, por meio da intuição, lhe pergunta se quer que a pessoa bem-sucedida faça parte de sua vida para sempre.

E sem prestar a mínima atenção no que sente, você responde automaticamente: Eu queria.

E como o anjo é programado para abençoar e transformar em realidade todas as suas escolhas, sem questionar a sua resposta, confiando em sua palavra ele diz: Em nome de Deus eu declaro agora e para sempre como verdade irrevogável a sua resposta. Amém.

Claro que ao afirmar "eu queria" e um anjo dizendo amém, você jamais irá alcançar a graça que pediu por meio de uma resposta negativa.

Com isso, o anjo enviado por Deus para promover a felicidade voltará para o céu deprimido; eu também ficaria arrasado se estivesse na pele de um ser de luz dizendo amém para as respostas das pessoas e alguém desatento me desse como resposta "eu queria" na hora de receber uma bênção.

Afinal de contas, a falta de atenção da pessoa me faria abençoar um pedido errado que, fatalmente anularia a própria felicidade dela.

Deixe claro para o universo o que você realmente deseja conquistar, esteja com a mente no momento presente, peça direito, expresse como quer que seja o que você busca, aja em sintonia com o universo, para que ele também possa corresponder de acordo com o que você deseja que aconteça em sua vida.

Portanto, quando alguém lhe perguntar se você quer algo, em vez de responder "eu queria", afirme com força, convicção e sentimento sincronizado "eu quero".

Por fim, procure expressar gratidão até pelas pequenas coisas. Agindo dessa forma, você emanará uma energia positiva que abrirá os seus caminhos, aprovando suas escolhas, suas ações e atraindo o bem que você reconhece e toma possa como seu, em acordo com as leis do sucesso.

31
Sua verdade interior constrói sua realidade exterior

Se você acredita que todo homem é igual, que a classe masculina é uma peste, saiba que tendo esse tipo de pensamento como mapa mental fará de seu coração um endereço que só será localizado por cafajestes.

Compreenda que você sempre atrairá algo compatível com o que acredita. O universo nunca trabalha contra o que você sintoniza. A força que promove os acontecimentos de sua vida interage e trabalha vinte e quatro horas por dia a favor daquilo que você tem internalizado como verdade.

Por conta disso, reprograme sua mente e pense da seguinte maneira: para toda mulher digna há um homem que presta. Entenda que a palavra dita com um sentimento verdadeiro se torna um comando que você usa para criar seu destino e transformar em realidade o que você expressa.

Observe que a pessoa ingrata só reclama e geralmente vive em uma situação de escassez, porque ela se exclui da fartura e se inclui na falta.

Repare como a prosperidade só flui para quem se coloca perante a vida como alguém que merece o melhor.

Aqui vai uma dica preciosa: em vez de reclamar do que não tem, comece a expressar gratidão pelo que você tem, incluindo as pequenas coisas.

Pague as suas contas com alegria e transmita uma energia positiva para quem recebe o seu dinheiro. Lembre-se de que antes de pagar pelo produto que usou ou serviço que alguém lhe prestou, você já recebeu o benefício antecipadamente.

Quem paga uma conta com raiva lança energia de maldição na vida de quem recebe. Já quem paga seus débitos expressando gratidão emite sentimentos elevados para o credor.

Outro ponto que você deve se atentar é saber pedir para o universo. Peça direito e aja de acordo com o que você quer de verdade.

Se você sonha comprar um belo automóvel, evite fazer pedido de mente pobre que pede um carrinho. Quem pede carrinho é criança. Se você quer ter a escritura de uma maravilhosa casa em seu nome jamais peça uma casinha. Quem merece receber uma casinha é o seu cachorro, para não dormir na chuva.

Demonstre claramente o que você deseja alcançar, transmita para o universo algo concreto que você realmente quer que seja a sua vida, cole fotos da confortável casa que você almeja ter em um lugar visível para que essa informação possa se internalizar como verdade, mentalize o seu objetivo já alcançado e gaste menos do que você ganha.

Agindo com coerência o seu dinheiro vai acumular, possibilitando a você realizar o que tanto sonha. Digamos que você é mulher e só atrai homem que não a valoriza; você ficará presa à infeliz condição de pobreza e insegurança.

Por exemplo: Tem mulher que adora homem sensível e fiel que a compreenda e a faça sorrir. Mas, na hora de entregar o coração para um homem, ela age de forma inconsciente e sempre escolhe o cafajeste para fazê-la chorar.

Decidi pesquisar o assunto e tive uma reveladora conversa com pessoas que pensam desse jeito para entender como funciona a mente delas e, observando o comportamento delas, cheguei à conclusão de que o cara honesto e muito dedicado (conhecido como homem bonzinho), contudo, no relacionamento é dominado pela mulher.

No decorrer do tempo, o homem bonzinho, por ter se tornado uma presença apagada, acaba perdendo a graça e sendo desprezado pela companheira que apagou o brilho da sua estrela.

Já o cafajeste traz em si um carisma encantador, um poder de sedução que aonde chega chama a atenção, tem a autoestima muito elevada, age de maneira egocêntrica, vive só para si e tem como prioridade manter a liberdade acima de tudo.

Ao agir dessa forma, esse tipo de homem oprime a autoestima da mulher que, sentindo-se rebaixada e colocada em segundo plano, arrasta-se aos pés daquele que não se submete aos seus comandos.

Uma mulher me contou que foi traída durante quinze anos e, mesmo sabendo que o companheiro aprontava e a abandonara por outra, ainda o amava profundamente.

Eu perguntei: E você, uma mulher tão linda, não arrumou outro homem depois de dez anos separada?

Ela respondeu: Arrumei sim. Encontrei um cara maravilhoso e que me tratava como uma princesa. Mas eu sentia um vazio imenso dentro de mim. Sabe aquela sensação de que falta algo?

Eu retruquei: Já sei o que lhe faltava nesta relação. Faltava ele colocar um par de chifres bem agudos na sua cabeça para você voltar a sofrer e derramar um mar de lágrimas por causa de um cara egoísta, que se acha bonzão e pensa que a luz do sol é reflexo do umbigo dele.

Encerrando, eu quis saber: E você conseguiu se acertar com o rapaz que a tratava bem?

Ela suspirou profundamente, e achando até graça da própria loucura, respondeu: Infelizmente não ficamos juntos, pois, o meu ex tinha se separado da outra, então como eu o amo muito decidi me separar do homem que me amava e voltei para o meu ex, que continua me traindo até hoje.

Resumindo: Quem aceita ser pano de chão, só recebe sujeira de quem o usa e depois que abusa de sua bondade joga a sua honra pelo ralo, tratando os sentimentos como algo descartável.

Quem tem amor-próprio se coloca em primeiro lugar, não permite abuso em hipótese alguma, estabelece limites e não oferece o seu melhor para ninguém brilhar.

Faça do decreto da autoestima uma oração diária para ativar a prosperidade feminina. Internalize como verdade cada palavra expressa neste mágico decreto e sinta-o formando ao seu redor uma infinita corrente de abundância, transformando a sua declaração em algo concreto:

Eu sou linda, perfeita e quem escolhi descobriu em mim a sua eleita. Eu sou a musa para quem ele se dedica, ama, cuida, protege e respeita. Eu sou a única presença que sua mente se encanta e por amor aceita. Eu sou saudável, inteligente, atraente, próspera, feliz, calma e equilibrada.

Eu sou a companheira que preenche o coração dele com uma luz rosa e brilhante. Eu sou a energia positiva que transforma o presente dele em bem-sucedido. Eu sou a mulher ideal e ele o homem especial nascido para ser meu marido.

Eu sou o mágico sorriso que ilumina os olhos dele e lhe revela na Terra o paraíso. Eu sou tudo de bom que ele buscava na vida e ele é também tudo de que eu preciso. Eu sou o abraço acolhedor, o colo protetor e o seu melhor ombro amigo.

Eu sou o porto seguro dele, e ele é o mesmo bem que ofereço em forma de abrigo. Eu sou o sim que ele sonhava ouvir e o prazer que ele imaginava sentir.

Eu sou a mulher honesta que entrou em seu coração para fazer a sua vida fluir. E ele é um reflexo da minha conduta correta que veio para meu destino colorir. Somos duas forças positivas e nos unimos para uma linda história de amor aqui construir.

Consciente de que esta relação é um direito meu, vindo da vontade divina, eu tomo posse da minha felicidade e, de acordo com a ordem espiritual que rege os acontecimentos da minha existência, em harmonia com o fluxo positivo do universo, eu decreto agora que a paz seja o guia que nos conduzirá ao merecido progresso.

32
Ninguém é feliz dentro de uma caixa

Poucas pessoas estão realmente satisfeitas com a vida que levam, porque colocam o foco naquilo que ainda não têm, e seguem tocando os seus dias numa rotina infeliz.

Umas, porque ainda não encontraram a sua alma gêmea, e muito menos tiveram a oportunidade de sentir na pele o toque curador de uma mão amorosa lhe afagando a nuca.

Outras, já encontraram e foram tocadas, mas ainda não enxergaram e nem se tocaram de que é preciso desenvolver a paciência para lidar com as fraquezas da sua tão sonhada alma gêmea.

Decepcionadas, revoltadas e sem brilho nos olhos, assumem o grito de guerra dos fracassados afetivos, que vivem afirmando, "nunca mais vou confiar nas pessoas".

É claro que, com essa condição mental, ninguém precisa de inimigo para atrasar a sua vida, pois a própria pessoa declara resistência ao sucesso e, obviamente, agindo assim, automaticamente o fracasso já está garantido.

Afinal, aquilo que assumimos como verdade se torna a nossa lei. Pois só atraímos o que a nossa energia sintoniza. O melhor presente que uma pessoa pode receber nessa breve passagem pelo mundo é se casar com a pessoa certa.

Agora, como saber quem é a pessoa certa para nós, se ninguém traz na testa um selo como certificado de garantia?

Só recebemos o melhor de alguém quando também somos e oferecemos para o outro a mesma qualidade que buscamos.

Raras pessoas estão realmente bem resolvidas com as experiências difíceis que vivenciaram e conseguem começar uma vida nova sem levar consigo os cacos de seu passado para dentro da nova relação.

Por isso, antes de se casar, lembre-se de que você está levando junto com a emoção da celebração um pacote de surpresas e, ao mesmo tempo, sendo um caminho desconhecido para quem reconheceu em você uma oportunidade de ser feliz.

Quando você diz "sim" para sempre, fazendo promessas, não está apenas se unindo a uma pessoa, mas, também às crenças dela, aos conceitos, aos medos e às manias dela.

O mesmo risco corre quem se arrisca em assumir um compromisso com você. Para que essa relação seja satisfatória, as duas cabeças precisam unir as diferenças e colocar o bem-estar da união acima de qualquer situação, para evitar os choques de ideias, que sempre terminam em conflitos e competição dentro de uma relação.

Se analisarmos as relações das pessoas que nos cercam descobriremos que poucas delas estão contentes com a vida afetiva que levam; na verdade elas vivem distanciadas de sua essência, tentando encontrar nos outros a segurança emocional para preencher o vazio de suas carências.

Esquecemos de que enquanto recebemos o sim de quem amamos ao som da linda marcha nupcial, estamos assumindo um compromisso com um ser desconhecido e levando para casa, junto com a emoção da celebração, um pacote de surpresas que só a convivência diária vai nos revelar.

As pessoas mais ansiosas procuram soluções rápidas para suas decepções amorosas, anulam as suas promessas no primeiro desafio que encontram dentro da relação e trocam de parceiro, como se suas juras de amor fossem descartáveis.

No entanto, no decorrer do tempo, percebem que na verdade só trocaram de problema. Talvez seja mais confortável culpar os outros ou fugir das situações nas horas difíceis.

Nos momentos de conflito precisamos nos afastar um pouco dos outros, voltar o foco para dentro de nós e acolher os sentimentos para nos curar dos desgostos.

Portanto, lembre-se de que agindo com garra e determinação, as coisas poderão até não acontecer dentro do tempo que desejamos que elas aconteçam, mas com as lições extraídas das experiências vividas seremos convencidos de que, quando colocamos o amor na frente de nossas ações, com certeza iremos colher bons resultados como recompensa.

Quando um relacionamento termina, geralmente as pessoas saem da separação muito magoadas. Cheias de ódio, só olham o seu lado, nunca pensam na dor que a outra pessoa também está sentindo e, oprimidas com o desencontro, elas se esquecem dos momentos bons que viveram, além das trocas positivas que fizeram durante o tempo em que percorreram juntas.

Frustradas com o fim de algo que imaginavam ser para sempre, só enxergam os pontos negativos do ex-amor; tomadas pela raiva, acreditam que foram vítimas até dos beijos inesquecíveis que receberam.

O primeiro passo que se deve dar para curar as feridas da alma, sair da infeliz condição de vítima e recomeçar de maneira assertiva é admitir para si mesmo as falhas que cometeu, reconhecer que está magoado com a pessoa que lhe jurou amor eterno, mas que não teve maturidade o suficiente para relevar sua imaturidade.

Em segundo lugar, deve voltar o foco para dentro de si, acolher suas emoções de tristeza, respeitar a angústia que sente e vivê-la intensamente.

Enquanto estiver negando a realidade negativa que criou, sua alma continuará presa às emoções do passado infeliz que você não aceita.

Ficar de bico, com os braços cruzados e de costas para os "nãos" que a vida lhe disse, como criança pirracenta, não o levará à felicidade. Mesmo que a relação não tenha mais motivos para continuar, fazer as pazes com o passado é cortar o elo com o que deu errado, libertar-se de um cárcere privado e abrir espaço para que o universo lhe traga algo que de fato o faça se sentir realizado.

Para ser uma pessoa próspera e feliz é preciso agir com honestidade nos sentimentos, decidir logo o que quer da vida, descer do muro da insegurança, encarar o medo da mudança, avançar com esperança, sair da acomodação, pagar o preço de sua liberdade e construir a própria realidade.

Porque chega um ponto em que a alma não suporta mais continuar em uma situação de infelicidade. Ela grita por meio de angústia e frustração, alertando que você não pode mais adiar o momento da transformação, pois ficar em uma relação por dinheiro é a mesma coisa que viver na prisão e nenhuma alma é feliz dentro de uma caixa.

Você quer acabar de vez com os conflitos de seu relacionamento? Você quer ter saúde e ainda colaborar com o crescimento de seu semelhante? É simples. Respeite o tempo de evolução das pessoas, aceite-as como são.

Lembre-se de que a lagarta só ganha asas e vira borboleta quando o seu tempo no casulo já se esgotou. Antes dessa transformação, ela é imatura...

33
Bastidores do inconsciente

Você nunca termina aquilo que deu início e ainda se culpa por ter deixado para trás as tarefas inacabadas?

O que acontece atrás dos bastidores do seu inconsciente é o seguinte: Quando você faz um trabalho colocando o dinheiro como prioridade para pagar as suas contas, a sua ansiedade em honrar o compromisso com a dívida emana uma energia de falta, gera um sentimento de dor emocional, desgasta sua paciência, o autossabota, apaga o brilho de sua estrela interior e o separa de sua essência espiritual.

Eu sei que alguém poderá não compreender essa mensagem e contestar meu ponto de vista, podendo afirmar que muitas pessoas nem sabem qual é a sua verdadeira missão, e por essa razão são obrigadas a fazer qualquer coisa apenas para sobreviver.

Já me antecipando a esse tipo de reação, sem reflexão, quero dizer que concordo plenamente, que nem sempre fazemos só aquilo que desejamos.

Porém, isso não justifica transformar a situação na qual nos encontramos em um motivo para desistir de conquistar algo melhor e assumir uma postura de vítima do destino ruim que nós mesmos criamos, ficando atolados no lamaçal da acomodação e esperando que um bom resultado apareça como um guindaste para nos tirar do buraco no qual nos colocamos seguindo as nossas ilusões.

Eu, por exemplo, antes de ser escritor de uma das mais conceituadas editoras do Brasil e um palestrante reconhecido por grandes empresas, trabalhava como lavrador. Inclusive, a minha marca sempre foi realizar as minhas atividades com muito amor.

No decorrer do tempo desenvolvi mais quatro competências como profissões, e descobri na verdade dons e missões que o meu espírito veio despertar em razão de algo maior que o sucesso das minhas obras tem alcançado.

Tenho certeza de que você vai concordar comigo, que será impossível alguém desenvolver cinco atividades em áreas diferentes como eu e não encontrar a felicidade em nenhuma delas.

No meu caso, eu nunca fiz humor, palestras ou escrevi livros porque alguém me disse que isso me faria bem-sucedido.

Decidi trabalhar com desenvolvimento humano porque descobri que o bem que provoco nos outros me traz como retorno algo muito mais valioso que a energia do dinheiro, me traz a realização.

O meu trabalho gera transformação. Eu invisto o meu tempo nas minhas criações, ficando dias sem curtir outras coisas que amo fazer para poder elaborar e ensaiar o roteiro das minhas apresentações.

Quem se depara com uma foto ou vídeo meu na internet com um auditório lotado de pessoas gargalhando e chorando de emoção com as minhas mensagens, não imagina o quanto esforço-me em uma incansável busca interna, procurando extrair o melhor de mim para que tudo dê certo e todo mundo saia feliz no final de cada evento.

Por esse motivo, vou revelar um segredo: aprendi que para chamar a atenção de um contratante ou lotar um grande auditório, antes de tudo, quem sonha em ser um destaque deve passar por um processo criativo igual a uma gravidez, ou seja, antes de subir ao palco, quando vou criar o conteúdo de um evento, atravesso dias tempestuosos de desconforto, de insegurança e de incerteza, gerando uma mensagem que me coloca em uma situação de risco, de não agradar.

E enquanto esse conteúdo estiver dentro de mim, aguardando o momento certo de ser apresentado ao público, vai pulsar em mim como um filho ainda em desenvolvimento, me causando ansiedade e as mais variáveis sensações.

Outro fator importante que quero enfatizar: antes de qualquer coisa, ofereço para o público que me assiste a oportunidade de rir, se emocionar e enfim, ser feliz com algo que este mesmo público não teria como receber sem a minha presença.

Assim, sem a existência do público, não tenho como me realizar e nem receber recompensa.

Jamais desista de seu sonho, abandonando o seu objetivo de vida. Se o seu fardo estiver muito pesado, pare um pouco, coloque a sua bagagem no chão, desapegue-se das peças que não têm mais utilidade em sua vida, fique leve, deixe na mochila do seu coração só o que é prioridade e descanse por um instante antes de tomar qualquer decisão.

Se você já percorreu um longo caminho com os pés descalços na areia quente do deserto de sua vida, o seu desafio estiver parecendo uma tempestade de areia movediça sem fim e a sede estiver esgotando as suas forças, lembre-se de que as pessoas vencedoras, quando choram, bebem as próprias lágrimas, hidratam a pele queimada, regeneram as células e em seguida, olham para cima, pois sabem que agindo de cabeça erguida sempre haverá alguém lá no Alto que fez chinelo dos próprios cabelos e superou a sombra de seus pesadelos.

Aja com discrição, guarde segredo de sua intimidade, transmita calor humano em sua caminhada, espalhe a energia do amor pela estrada, deixe rastros de gentileza como a sua marca registrada, e se o reconhecimento não vier na mesma intensidade, permaneça firme no propósito que escolheu como a sua subida rumo à tão sonhada felicidade.

Se você não estiver enxergando um palmo diante do nariz, diminua o compasso e continue enfrentando a neblina, pois Deus nos coloca a escuridão da noite como uma janela da imensidão espiritual, que apaga a luz para o seu corpo adormecer e repõe as energias para sua alma repousar.

Mas, antes que o seu espírito entre em pavor, logo pelo amanhecer Ele novamente abre a janela da casa celestial trazendo o sol com todo o seu esplendor, para mais uma vez iluminar o seu caminho.

Portanto, levante a cabeça e olhe para cima, porque se há alguém que ultrapassou a escuridão e tornou-se uma luminosa estrela lá no topo, em pleno estado de contemplação, você também poderá despertar sua centelha e alcançar seu lugar na constelação.

Porque na verdade você é um ser de origem espiritual que veio do Alto e para lá retornará quando vencer a sua limitação e cumprir a sua missão.

Já está escrito no infinito que você fará bonito e na conclusão de sua história conquistará a vitória.

34
A discrição é o princípio da autoproteção

Você é uma pessoa carismática, de presença alto-astral, profissional eficiente, de energia cativante que aonde chega torna-se o centro das atenções? A sua habilidade de resolver tarefas e sua capacidade de se relacionar com pessoas agrada os colegas e diretores da empresa em que você trabalha?

Se você se encaixa dentro deste perfil quero ensiná-lo uma técnica de comportamento fundamental para sua sobrevivência dentro de uma equipe.

Mas antes de tudo, já quero informar que a minha sugestão não se trata de recomendar que você se torne uma figura representativa, robótica, falsa e medrosa que, com o pé atrás, se fecha em seu mundo interior para evitar a maldade das pessoas de seu convívio.

O ponto crucial ao qual me refiro trata-se de você assumir uma postura comedida perante todos de seu convívio profissional.

Adote um comportamento reservado e discreto no tocante às questões pessoais e aos assuntos de sua vida íntima. Não abra espaço em suas particularidades falando demais, principalmente se tratando de suas aventuras bem-sucedidas, achando que todo mundo vai ficar feliz com a sua felicidade e ainda admirar o seu exemplo de superação de obstáculos.

Imponha-se com profissionalismo e seja a presença mais gentil e prestativa possível com todos que cruzam o seu caminho diário, sem diferença no jeito de tratar, entende?

Um dos fatores que mais comprometem sua imagem e colocam sua credibilidade em risco é quando alguém da diretoria apresenta um comportamento metido a engraçado em horas inconvenientes e você, buscando ser agradável, ri, mesmo não achando a mínima graça de uma brincadeira idiota que a pessoa faz para chamar a atenção.

Saiba que a sua reação acaba despertando na pessoa o impulso de fazer mais daquilo que supostamente está lhe agradando.

Evite ficar fazendo papel de macaco de auditório, de gente sem noção e reforçando na mente da pessoa a ideia de que ela é o máximo.

Com isso você estará criando um monstro que uma hora vai encontrá-lo sem vontade de apoiar suas bobagens e por vingança vai chegar à conclusão de que a sua falta de humor e interação com as idiotices é a causa do desconforto gerado pela brincadeira feita em um momento inadequado e não a própria falta de bom senso.

Para que uma relação profissional seja duradoura e lhe traga o prazer de uma boa convivência, é de suma importância que desde o início você se comunique com uma certa seriedade e foco no seu trabalho.

Em vez de se comportar com intimidade, o ideal é estabelecer um laço de cumplicidade. Agindo assim você colocará a sua imagem em um patamar de honra e credibilidade.

Saiba que, quando estamos na glória, todo mundo quer dividir conosco o brilho dos holofotes. Porém, na hora das vacas magras, raros são aqueles que ficarão pastando do nosso lado.

Tenho muito orgulho dos parentes e amigos verdadeiros que Deus colocou em meu caminho para iluminar a minha jornada. São pessoas com um espírito muito bondoso, que nunca me deixaram perder o contato com a realidade.

35
Você merece coisa melhor

Existe homem que não valoriza o trabalho da mulher que fica em casa cuidando da família.

Quando alguém lhe pergunta qual é a profissão da esposa ele diz que a mulher não trabalha. Como não trabalha? Ela trabalha sim, e muito.

Se você acha que a sua mulher não faz nada, então me diga: Quem é que organiza a casa, cuida dos filhos, faz a faxina de sua residência diariamente, leva o lixo para fora de casa todos os dias, lava e passa as roupas de todos da casa, faz as compras da família, prepara a comida para todos e ainda arruma tempo para cuidar de si para que você tenha uma companheira atraente vinte e quatro horas por dia?

Se você não tivesse a esposa para cuidar de sua casa, certamente teria que contratar uma empregada que lhe custaria além de um salário fixo, outras obrigações trabalhistas que garantem os direitos daquela pessoa que se coloca como servidora de seu lar.

Eu sei que você também tem o seu valor e que a responsabilidade é muito grande para manter toda a estrutura de sua família e ainda ter de enfrentar diariamente o estresse dentro de uma empresa, lidando com todo tipo de gente.

Mas agora eu lhe pergunto: Você trocaria o trabalho que você faz pelo serviço de sua esposa, sem receber um salário no final do mês e ainda ter que ficar lhe mendigando uns trocados e migalhas de afeto em troca de tudo o que lhe oferece?

Portanto, fica a dica: Quando alguém lhe perguntar sobre o que sua esposa faz, diga que ela é a administradora do seu lar.

Dê o valor devido a quem cuida de você, trate a sua companheira com amor, expresse gratidão e reconheça a importância das tarefas que ela desenvolve. Isso não se trata de ser feminista. É uma questão de justiça.

Um recado para você que é casado e após a conquista da pessoa amada se esquece de ser romântico, relaxa com a aparência, se descuida da higiene pessoal, não ajuda nos serviços domésticos e pensa que depois do casamento, não precisa mais agir com delicadeza e respeito na convivência com a companheira.

Se você quer uma mulher apenas para cozinhar, lavar suas roupas e cuidar da casa eu aconselho que contrate uma diarista. Sai mais barato e ela não vai se sentir um objeto.

Se você não tem disposição e nem condição para bancar o preço da sua felicidade, continue na barra da saia da mamãe. Tenha a consciência de que a mulher da atualidade está muito estressada devido a muitas tarefas que assumiu e com isso se sente sobrecarregada.

Evite ser mais um fardo nas costas dela. Jamais faça uso de palavras agressivas. Agindo com estupidez você vai destruir sua família.

Procure ser o motivo pelo qual ela respira aliviada, sente-se bem tratada e amada. Entenda que para ser feliz a mulher não precisa só de sexo e dinheiro, o principal é o zelo.

Lembre-se de que sua mais influente concorrente é aquela pessoa que atende o cliente melhor que você. Sendo uma pessoa atenciosa e prestativa ela oferece um diferencial na forma de se relacionar, pois, agindo com gentileza, expressando boa vontade, dando a devida importância a quem busca os seus serviços, demonstrando carinho e transmitindo energia positiva no jeito de tratar, faz o cliente se sentir alguém especial.

Portanto, se você faz apenas o básico e outra pessoa oferece algo que valoriza o cliente, fatalmente a sua concorrência acabará provando que você não vale a pena.

Desta forma, a concorrência se beneficia de sua falta, coloca a sua imagem em descrédito e por ser mais atraente chama mais atenção do que você.

Não se esqueça de que cliente satisfeito geralmente fica calado, guarda a felicidade só para si. No máximo recomenda os seus serviços ou comenta com as pessoas mais chegadas. Mas quando um cliente não recebe a devida atenção, sente-se desrespeitado, maltratado, reage com vingança e sai desabafando a insatisfação, denegrindo a imagem de quem não lhe deu o devido valor.

É justamente no ponto onde você falha que surge a pessoa atenciosa como uma imbatível concorrente se estabelecendo, fazendo a diferença e preenchendo o vazio deixado por sua falta de cuidados na vida de quem você não valoriza.

Isso vale também para as relações afetivas, ou seja, quem não oferece boa assistência abre espaço para a concorrência.

Dizem que cavalo dado não se olha os dentes. Como não? Que falta de cuidado é essa agora? E se o animal estiver com cáries?

Olhe tudo o que receber. Ligue para a qualidade do presente. Não é porque você está recebendo algo de graça que deve aceitar qualquer coisa.

Tenha autoestima e consciência de que você merece receber o melhor do universo. Quem cata migalhas é pombo. Faça como a águia. Recuse restos. Se dê o devido valor. Respeite-se e imponha-se.

Ofereça o seu melhor e deixe claro para as pessoas que você espera receber o melhor delas. Isso é maturidade, riqueza e abundância espiritual.

Conviver com alguém que não está cem por cento entregue à relação é oferecer o melhor de si em troca de desprezo. Portanto, se a pessoa que você tanto amava não lhe dava o devido valor e ainda a trocou por outra, agradeça a Deus pela graça alcançada.

Agora que está com o coração desocupado, o universo compreende que definitivamente chegou o momento de lhe enviar aquela pessoa abençoada que você merece como companhia.

Mas não fique esperando que algo novo aconteça em sua vida sem fazer a sua parte. Mova-se. Para facilitar o encontro com a pessoa certa, comece a frequentar lugares compatíveis com seu nível.

Se continuar a frequentar os mesmos ambientes, obviamente irá atrair os mesmos resultados que a fizeram infeliz até agora.

Desligue-se daquilo que não lhe acrescenta nada de positivo, abra-se para receber o que realmente a preenche e aja como quem já conquistou o que almeja.

Faça algo diferente e a vida corresponderá trazendo até você algo também diferente.

36
Relacionamento como elo espiritual

No começo era tudo às mil maravilhas, os dois se entendiam só pelo jeito de olhar. Quando um discordava do ponto de vista do outro, ninguém brigava para ficar com a razão, apenas respeitava a oposta opinião. O amor era o único valor que prevalecia dentro da relação.

Antes da conquista ele só enxergava as qualidades de sua escolhida e ela era compreensiva quando notava os pontos fracos dele.

Com o tempo, a rotina foi desgastando a harmonia, a união. Agora ele a enxerga com óculos de lentes sujas que só lhe mostram imperfeições.

Ela tornou-se tão impaciente que o seu comportamento explosivo não mede mais as consequências de suas palavras agressivas e, num ato de autodestruição, dispara rajadas de irritação que devastam mais do que balas de canhão.

Ele perdeu o romantismo e não cuida mais da aparência. Ela tem uma constante sede de mudança e jamais deixa a sua imagem cair em decadência. Ele vive jogando um balde de água fria em sua vontade de viver e apontando um dedão julgador cheio de rancor, atacando o seu visual.

Na verdade, por trás de sua postura de reprovação há uma imatura intenção de oprimir a sua autoestima para dominá-la por meio do rebaixamento emocional.

Ela defende-se dizendo coisas horríveis só da boca para fora, apenas para ele também se sentir mal. No início do namoro ele expressava contentamento ao escutar o barulho do salto alto, chegando atrasada para o encontro da paixão; admirado, ele a olhava dos pés à cabeça avaliando a sua produção e a cobria de elogios exaltando o seu bom gosto em cada ocasião.

Atualmente, se ela atrasa um pouco, ele fica louco de irritação e, estragando tudo, começa a falar um monte de absurdos desabafando a insatisfação.

Aquele sorriso de aprovação deu lugar a uma cara fechada e um beijo dado por obrigação. Após tanto esforço se arrumando para ficar linda ela fica desencantada com a frieza da decepcionante recepção.

Em vez de apreciar a sua beleza, ele só olha o seu vestido novo para reclamar da fatura do cartão; sentindo-se culpada por ter usado o dinheiro para investir em seu bem-estar, ela deixa a crítica entrar como um golpe fatal que lhe acerta o peito em cheio, machucando seu coração.

Magoada, ela segue para o passeio tentando conter a raiva para evitar mais uma discussão. Afinal, aquilo que era para ser um momento de alegria acaba de perder a magia e mais uma vez ela andará na companhia de alguém que não merece segurar sua mão.

Uma coisa é certa, quando um relacionamento perde o respeito, a boca de quem adoçava a sua alma torna-se amarga e cortante como uma navalha, as palavras estúpidas perfuram como uma lâmina afiada, os golpes emocionais transformam-se em mágoas e o amor que existia em seu coração morre de decepção, afogado na enchente de lágrimas.

É impossível manter uma história depois que a chama do amor se apagou. Quando acontece o desencontro entre o casal, as almas abandonam o compromisso de amor eterno e viram as costas para as promessas que fizeram.

Continuar com uma aliança no dedo depois que o elo espiritual se quebrou é a mesma coisa que regar com as lágrimas da esperança uma flor murcha dentro de um lindo vaso furado, na ilusão de que ela vai desabrochar novamente e exalar o prazeroso aroma que, infelizmente, já foi levado pela ventania das tempestades.

37
Cumplicidade sim, passividade não

Tem mulher que se machuca muito em suas relações e não se acerta afetivamente com nenhum homem. Ela não compreende como é que funciona a mente do homem, adota uma postura que faz o companheiro perder o interesse de ouvi-la e o afasta de um diálogo pacífico.

Acha que o cara é clarividente e que ele vai adivinhar o que ela está querendo dizer nas entrelinhas. Por isso, quero deixar uma dica valiosa que, se você colocar em prática, vai manter sua relação em harmonia: evite se comunicar de forma truncada, deixando uma ideia vaga, querendo que ele a entenda nas entrelinhas, achando que o homem vai ter paciência para decifrar o significado de sua intenção.

Seja clara e objetiva quando for dialogar com um homem. Lembre-se de que o homem é para fora e a mulher é para dentro. Ou seja, ao se relacionar com um homem você deverá colocar para fora o que você sente, expresse de forma direta o que deseja, para que ele não tenha a desconfortável sensação de que vai demorar uma eternidade para descobrir qual é a mensagem que você quer lhe transmitir.

Não perca tempo esperando que ele irá insistir até descobrir o que se passa em sua cabeça. Saiba que se continuar falando de um jeito que o deixa impaciente, você vai ter ao seu lado só o corpo dele presente, porém, a alma do indivíduo certamente estará ausente em algum lugar agradável do passado.

Use a inteligência emocional e transforme o seu companheiro em seu aliado e não em seu rival. Entenda bem a minha mensagem. Não estou aconselhando que você se transforme em uma pessoa submissa, babá de bebê barbudo, tampouco estou a instruindo a deixar de ser você mesma e agir com falsidade ou se comportar como um robô.

A minha proposta é que você se torne uma mulher sábia, que usa o seu poder a seu favor para promover a felicidade.

Quando um casamento chega ao fim de maneira conflituosa, os dois lados saem perdendo. Mas, pior que a dor de uma separação, é o desgaste emocional de uma convivência com alguém que, por algum motivo, ainda permanece morando com você dentro da mesma casa.

O seu lar, que deveria ser um lugar de descanso, acaba se transformando em um cativeiro, onde você divide o espaço com alguém que diariamente tira a sua liberdade, suga as suas forças e rouba os seus sonhos.

Cada vez que você cruza o olhar com quem só quer distância, é como se alguém pisasse em sua unha encravada, fazendo-a sentir uma dor insuportável, trazendo a lembrança de algum acontecimento desagradável que a persegue emocionalmente como um monstro devorador. Até trocar uma simples palavra com a pessoa é como estender a sua honra tal qual pano de chão para o rival pisar.

Nos momentos em que a pessoa sai de casa, uma energia leve adentra o ambiente, até parece que o seu anjo da guarda aproveita que a presença inimiga saiu e cria coragem de se aproximar por alguns instantes. Com a ausência da pessoa, a harmonia toma conta do ambiente, trazendo uma mágica sensação de que a sua residência é o paraíso.

Mas quando você escuta o ruído da chave abrindo a porta, a sensação é de que a luz de seus olhos novamente irá embora, o céu se fechará e o inferno autorizará o retorno da escuridão mais uma vez por meio da desagradável presença daquela pessoa.

Se você vive uma situação tão delicada como essa, até que tenha condições de se desligar definitivamente, o ideal é mentalizar a pessoa encontrando o novo caminho dela, seguindo feliz e desocupando de vez o espaço sagrado do seu campo áurico, permitindo que a mesma felicidade que você deseja venha ao encontro dela.

Agindo assim você não trocará farpas energéticas com a pessoa e nem criará brecha para que espíritos trevosos possam atuar entre vocês gerando mais discórdias.

Eu sei que é muito difícil controlar a raiva quando alguém que não aceita o fim de um relacionamento adota uma postura imatura e, por vingança, faz de tudo para atormentá-lo e tirar sua paz.

Mas evite descer ao nível de quem quer a todo custo fazer você se desequilibrar e mostrar o seu ponto fraco. Busque forças na oração, meditação ou em uma música relaxante para serenar a sua mente e enfrentar os seus desafios com equilíbrio e sabedoria.

Jamais devolva as ofensivas da pessoa na mesma moeda. Em questão de relacionamento jamais permita que alguém assuma uma posição de comando em sua vida, colocando você em condição de submissão.

Relacionamento é troca e não um acordo de obediência de uma parte submissa à outra. Não abra espaço para abusos. Imponha-se.

Saiba que a pessoa dominadora, assim que descobre o ponto fraco alheio, não trata o outro mais com o mesmo cuidado de antes da conquista, perde o respeito, congela a gentileza e esfria o amor.

Aquela pessoa amável do começo da relação transforma-se em um indomável cavalo que, para se aproximar e fazer uma simples pergunta, você terá que usar um capacete para se proteger dos coices da mula sem cabeça.

Agora, se desde o início você agiu com passividade, só lhe restam duas opções: Ou você coloca logo um ponto final na relação falida ou continua arrastando a sua alma ferida e aturando conviver com uma pessoa que não acrescenta nada de positivo à sua vida, cuspindo-lhe palavras estúpidas que só o machucam, igual a uma lâmina afiada.

Tudo é uma questão de escolha. A grande mudança que você tanto espera vir de fora só pode acontecer dentro de você.

Perceba que a outra pessoa já entrou em um estado de acomodação, igual a um carroceiro que tira um burro do convívio com os outros de sua espécie, coloca uma ferradura em seus pés, uma rédea em sua cabeça, tapa a sua visão para que ele não tenha direito nem de apreciar a paisagem do caminho que trilha.

Entretanto, mesmo sendo carregado pelo burro, que puxa a carroça, ele ainda o machuca para que ele ande mais rápido e atenda às suas vontades.

A mulher sábia não busca um companheiro pela aparência, conta bancária, *status* ou posição social. Ela escolhe pela essência. Porque bens materiais e a segurança do bolso ela sabe que pode conquistar com o próprio esforço.

Por isso, aqui vai um conselho para quem deseja construir a realidade afetiva: em vez de procurar um príncipe encantado, busque um homem que tenha maturidade espiritual, uma mente equilibrada, honesto, inteligente, trabalhador e fiel.

38
Enxergando as pessoas com a lente do espírito

Muitas pessoas limitam as próprias capacidades, atrofiam os dons que Deus lhes deu e resumem as suas possibilidades criando barreiras mentais de impedimento.

Apesar das escolhas e opções de cada um, todos nós já nascemos trazendo em nossa essência talentos de valor inestimável, potenciais que vamos despertar, desenvolver e lapidar no decorrer da vida.

Essas competências adormecidas são como chaves secretas que a inteligência divina colocou em nosso interior para abrirmos as portas do nosso destino, fazer a nossa estrela brilhar e cumprir a missão que o nosso espírito veio realizar no planeta.

Procuro reconhecer as minhas qualidades, me disciplinar para aperfeiçoá-las e, colocando-me na condição de instrumento de Deus, busco usar os meus dons a serviço de algo maior: promover a felicidade das pessoas que cruzam o meu caminho, dando a mim mesmo a oportunidade de ser feliz também.

Eu nunca me senti acima de ninguém. Apenas procuro ocupar o meu lugar ao sol e olhar qualquer pessoa que cruze o meu caminho com a lente do espírito. Amo me comunicar e interagir com pessoas bem-resolvidas e bem-humoradas, pois elas trocam afeto na mesma intensidade que recebem.

Quero lhe contar duas histórias que aconteceram comigo e que nos trazem uma grande lição de sabedoria.

A primeira delas é que fui fazer uma palestra em um evento, no qual participariam alguns dos mais famosos palestrantes do Brasil.

A produção estrategicamente hospedou todos os conferencistas no mesmo hotel, próximo ao local do evento para facilitar o deslocamento. Ao lado do meu quarto hospedou-se um renomado palestrante, que desde a chegada no aeroporto já tinha começado a botar banca e fazer exigências que estavam fora do combinado.

Ele chegou ao cúmulo de recusar compartilhar o mesmo carro com os demais colegas, do aeroporto ao hotel. Depois de algumas horas, quando ja estávamos acomodados no hotel, houve um imprevisto que casou uma mudança de horário das palestras.

Fui informado de que a minha apresentação e a dele seriam adiantadas e que nós teríamos que nos dirigir imediatamente para o centro de convenções. Porém, ele havia desligado o celular para não ser incomodado. Um dos integrantes da produção, até meio sem graça, gentilmente me perguntou se eu me incomodaria de bater na porta do quarto dele e avisar.

Com boa vontade, imediatamente fui transmitir o recado. Quando ele abriu a porta, eu o cumprimentei, ele não respondeu, apenas fez cara de pouco caso, creio que pensou se tratar de algum fã querendo lhe pedir autógrafo.

Transmiti a informação e avisei que o carro já o estava aguardando. Mesmo me vendo bem-vestido e com a minha mala na mão, ele teve a petulância de me perguntar: É você que vai levar a mala? Usando um tom de voz irônico eu respondi: Não sou eu quem vai levar a mala até o carro. O senhor vai ter que ir andando mesmo.

A segunda história. Certo dia eu estava dentro de um trem lotado, em São Paulo, voltando do trabalho, quando entrou uma moça lindamente produzida no vagão apertado. Ao perceber o meu olhar de admiração, ela me retribuiu com um simpático sorriso.

Todos ao meu redor, que até então não haviam sequer notado a minha presença, me olharam contorcendo os lábios de tanta reprovação.

Como eu gosto de fazer amizade, olhei para ela novamente como quem pedia licença para puxar um assunto, ela olhou fixo para mim e tentou segurar a vontade de rir, mas, não conseguiu se conter e acabamos rindo um da cara do outro.

Ou seja, as nossas almas se reconheceram apenas pela sintonia energética. Então a moça se aproximou de mim e perguntou meu nome.

Com bom humor eu disse: O meu nome é Brad Pitt do Maranhão. Ela gargalhou tão alto que as pessoas do vagão inteiro esticaram o pescoço na curiosidade de saber que eram as pessoas estranhas que estavam ousando demonstrar a possibilidade de ser feliz no meio daquele caos.

Enfim, demos início a um divertido bate-papo e, quando chegou à estação onde teria que desembarcar, ela me deu um caloroso abraço e disse: Vá com Deus.

De forma elogiosa eu tornei: Eu já estava indo com Deus, mas seria tão lindo se a deusa fosse conosco nesta viagem da Consolação com destino ao Paraíso. Ela subiu a escada rolante gargalhando, enquanto eu fiquei me sentindo o cara mais incrível do mundo por ter feito a diferença positiva na vida daquela pessoa maravilhosa.

De repente, uma mulher demonstrando incômodo e inconformada, cheia de razão e com ar de deboche, expressando um sorriso irônico, me falou: — Moço, você é a única pessoa neste trem que não percebeu que aquilo é uma travesti.

Todos riram alto da minha cara. Emocionado, eu respondi: — Ué, eu pensei que fosse um ser humano. Diante da minha resposta, todos colocaram o rabinho entre as pernas e o sorriso sarcástico desapareceu.

Na verdade, aquelas pessoas é que se enganaram e não perceberam que dentro daquela linda roupa e por trás daquela maquiagem existia um ser humano, alguém que, apesar de suas escolhas, é uma presença digna de amor e respeito.

Quando transmitimos a energia do amor, todos que nos cercam são beneficiados e essa mesma força elevada retorna como uma chuva de afeto que cai sobre nós em forma de gotas de luz regando a planta do nosso interior.

39
Amor-próprio é o melhor negócio

Tive uma namorada muito bonita que chamava a atenção de todos onde passava, pela sua beleza, e eu era muito apaixonado por ela.

Cumprimos o tempo que os nossos espíritos tinham para ficar juntos e cada um seguiu seu caminho. Mas, durante o tempo em que estivemos juntos, nunca telefonei para ela, inseguro, perguntando onde ela estava ou com quem estava.

Precisamos ter a consciência de que assumir um relacionamento com alguém não é a mesma coisa que comprar um terreno, que ao passarmos a escritura para o nosso nome recebemos a posse daquele bem como propriedade exclusiva, cercada de arame farpado para ninguém se aproximar.

Eu sei que a pessoa que tem baixa autoestima perguntaria agora: E se a pessoa com essa liberdade toda decidir se aproveitar para trair? Eu lhe responderia que quando alguém o passa para trás, a única destruição será a confiança que você depositou no caráter dela.

Ou seja, a sua honestidade, a sua fidelidade, o seu valor e o seu amor-próprio continuarão intactos em sua essência como qualidades que jamais perderão seu brilho por causa de erros cometidos por outras pessoas.

No entanto, só vamos descobrir quem são os nossos amigos de verdade quando atingirmos um patamar de conquistas acima deles, principalmente se estivermos nos relacionando com uma pessoa muito linda. Durante o tempo em que estive com essa namorada bonita, o comportamento de vários homens do meu convívio foi decepcionante, porque alguns deles eram pessoas da minha mais absoluta confiança, tratados por mim como verdadeiros irmãos.

Por ela ser uma mulher muito atraente, muitos não conseguiam conter o instinto de cafajeste e comentavam com outros amigos a atração que sentiam por minha namorada.

Os que eram amigos de verdade, por outro lado, sempre me contavam sobre a existência de falsos amigos. Eu nunca fui tirar satisfação com ninguém sobre o assunto.

Aliás, eu jamais daria esse gostinho para alguém, apenas me afastava daqueles que me desrespeitavam.

Uma vez fui convidado para uma entrevista em um programa de televisão junto com um amigo meu, que também é escritor e médium, por sinal ele é muito admirado pelo povo brasileiro pelos lindos livros que escreve.

Sabendo o quanto minha namorada era fã desse brilhante trabalhador da luz, perguntei se ela gostaria de ir comigo para conhecê-lo. Minha namorada ficou muito feliz, aceitou o convite na hora e até comprou o livro novo dele para ser autografado como recordação do encontro dela com o seu autor favorito.

Chegamos à emissora, apresentei a minha namorada para o escritor e foi emocionante a reação dela ao conhecer aquele autor de mente iluminada, que ela tanto admirava por meio de suas obras literárias.

Diante daquela linda cena de emoção, fiquei muito contente por poder proporcionar a ela aquele momento tão feliz. O contrarregra do programa me convidou para acompanhá-lo até uma sala de produção para eu ser maquiado antes de entrar no ar.

Como a minha namorada estava curtindo muito o bate-papo com o seu escritor predileto, eu disse:

Fiquem à vontade que eu vou me produzir. Fiz a entrevista, nos despedimos do meu amigo e fomos embora muito felizes com aquele agradável encontro.

No trajeto de volta para casa ela estava muito encantada com a receptividade dele e me contou que o escritor tinha sido tão simpático com ela na minha ausência que tinha até lhe pedido os contatos telefônicos afirmando que tinha algo muito importante para lhe falar em particular. Sem maldade, eu falei: Como ele é um médium muito sensível, certamente deve ter captado alguma coisa em sua aura e não quis a expor diante de estranhos.

No dia seguinte, ela me ligou e, expressando tristeza na voz, disse: Preciso falar com você urgente sobre um assunto que me deixou muito decepcionada.

Ela me contou que o meu amigo havia telefonado para ela, tarde da noite, convidando-a para jantar sem a minha presença naquele fim de semana e ela, achando estranha a postura dele, preferiu confirmar se iria ou não depois.

Ainda sem querer enxergar maldade, eu disse: Então vá jantar com ele e depois você me conta sobre o que ele quer falar com você em particular. Percebi que ela achou estranho eu aceitar com naturalidade que ela, minha namorada, fosse jantar com outro homem.

Entretanto, na minha opinião ele não era um homem qualquer que pudesse levantar suspeita em relação ao seu caráter. Afinal, até então ele era amigo meu de longa data. A gente se conhecia antes mesmo de ele se tornar um escritor famoso.

Dona de uma índole inquestionável, ela me informou que iria telefonar para ele, agradecer o convite, mas que não iria jantar e pediria para revelar a ela o assunto pelo telefone mesmo.

Quando ela pegou o celular para ligar, deparou-se com uma mensagem dele: *Prepare-se, porque tenho uma proposta irrecusável para lhe fazer.*

Confiando no caráter dele, ainda insisti que ela fosse ao encontro para saber qual era a intenção dele. Mas ninguém consegue enganar a intuição de uma mulher. O ser feminino é realmente uma alma dotada de inteligência fora do normal, que capta no ar o que há por trás do comportamento de qualquer um.

Ela telefonou para o meu amigo, agradeceu o convite do jantar, disse que não poderia aceitar ir ao encontro sem a minha presença e pediu que ele lhe falasse o que desejava pelo telefone mesmo.

Para a minha surpresa, ele teve a ousadia de mandar uma mensagem de voz para ela dizendo que na noite anterior ao encontro na emissora de tevê, o mentor espiritual dele havia lhe revelado que ele iria conhecer a sua alma gêmea, no caso, a minha namorada! E disse mais: ela seria a sua companheira já predestinada pela espiritualidade para formar com ele um bem-sucedido casal.

Só para encurtar a conversa. Ele teve a cara de pau de propor que ela terminasse comigo e viajassem juntos para Paris, comemorando o reencontro espiritual que a providência divina havia promovido entre eles.

Revoltada, ela me enviou os diálogos escritos e os áudios dele para definitivamente me revelar a verdadeira face daquele ser que eu tanto considerava como irmão do coração.

Embora eu seja um comunicador que transmite dicas de boa convivência e ensina qual é a postura adequada a ser adotada diante de situações inconvenientes, confesso que na hora o meu sangue ferveu, a minha honra falou mais alto e eu esqueci de colocar os meus ensinamentos em prática.

Liguei para ele e perguntei: Você acredita mesmo que existe vida após a morte? Sem entender meu questionamento, já que também sou escritor espiritualista e estudioso da imortalidade do espírito, ele me respondeu, devolvendo com outra pergunta: O que deu em você agora depois de tantos anos de experiência, tendo provas claras da imortalidade do espírito? Objetivando encerrar o assunto novamente indaguei: Então você tem certeza de que ninguém morre?

Inquieto, ele declarou: Sim. Claro que tenho certeza da imortalidade do espírito. O que morre é apenas o corpo. O espírito permanece intacto em seu corpo sutil e, dependendo do nível de consciência que atingiu, ainda conquistará o direito de vez ou outra interagir com os vivos. Mas por que está me perguntando isso agora, se você mesmo já tem esta informação comprovada por meio de sua sensibilidade?

Mostrando que eu sabia de seu assédio, eu disse: É que devido você insistir tanto em sair com a minha namorada, o meu mentor espiritual me orientou que eu matasse o seu corpo a fim de você definitivamente livrar-se de sua infelicidade aqui na Terra e seguir, em espírito, de volta para o plano celeste, ao encontro de sua felicidade.

Enfim, ele fingiu que a ligação tinha caído. Mas, na verdade, o que caiu foi a máscara dele.

40
Escute seus diálogos internos

Existem decisões que você não pode tomar seguindo a cabeça. Lembre-se de que a mente mente. Para fazer a escolha assertiva, você deve sempre acatar o que seu coração pede.

Há uma grande diferença entre o indicativo do coração e a atuação da mente. Quando é a voz do coração o chamando para seguir uma direção, geralmente surge no peito um sentimento elevado lhe trazendo bem-estar, segurança e paz interior.

Quando é uma conclusão gerada pela mente, vem uma confusão interna, por meio de incontáveis pensamentos duvidosos que acentuam uma terrível sensação de angústia e medo do futuro.

Muitas vezes, isso ocorre em questões irrelevantes, que você precisa avaliar bem para não se precipitar e criar um destino desastroso para si.

Por isso, antes de se deixar levar pelo impulso da raiva e decidir algo, primeiro entre em contato com a sua alma. E se o sentimento que vier no peito for aquela leve sensação de serenidade, jogue-se sem medo de errar, pois, quando escutamos a nossa intuição, magicamente ganhamos asas na imaginação, nos possibilitando encurtar a distância e chegar rápido à solução.

Quando você está passando por uma situação que fere o seu orgulho, você se sente diminuído, e por essa razão acaba fazendo escolhas vingativas só para que alguém se sinta punido pela sua revolta e sinta também a mesma dor que devastou a sua alma.

Atitudes rancorosas não acrescentam nada de positivo em seu coração, apenas o empurram no caminho da escuridão.

Ao assumir uma postura consciente, você sai da posição de vítima, analisa o negativo que atraiu para sua vida e decide resolver seguindo a verdade do seu coração.

Num primeiro momento, pode parecer que você age como uma pessoa frágil ou boba por ter a coragem de passar por cima de seu ego e optar por reconsiderar a situação, e dar-se a saudável chance de recomeçar, partindo pelo caminho do perdão.

Entenda bem a minha mensagem. Não estou filosofando e nem afirmando que essa decisão é fácil, por se tratar de uma transformação a ser feita em seu interior.

Estou apenas lhe mostrando o único mapa que de fato lhe dará acesso à felicidade. Saiba que o chamado do coração é a única chave que lhe abrirá a porta do progresso e da realização.

Preste atenção em seus diálogos internos e nos sinais do universo mediante suas emoções, porque, aprendendo a escutar a si mesmo, a vida lhe corresponderá com antecipadas e boas revelações. Jamais coloque o dedo na ferida de alguém, a não ser que você seja profissional de saúde competente e tenha como objetivo curar a dor da pessoa.

Quem se diverte com o sofrimento alheio, cutucando o ponto fraco dos outros com ironias, despertando inveja, fazendo provocações e dando indiretas, não tem consciência das companhias espirituais que estão ao seu redor.

Não se iluda achando que pode causar um sentimento ruim em alguém só para se divertir com a tristeza alheia e, no final das contas, a sua ação danosa ficará por isso mesmo.

Na vida, tudo que você pratica gera um fruto doce ou amargo como resultado de sua plantação. E a colheita que você terá, infalivelmente, será compatível com a sua atitude.

Isso não é castigo ou punição de Deus. A inteligência divina lhe deu o livre-arbítrio, justamente para você ser o comandante de seu destino. Ou seja, quando você age contra a felicidade de seu semelhante, ao mesmo tempo você está criando para si um terreno pantanoso que vai lhe afundar nas armadilhas de sua própria maldade.

Isso não é a mão de Deus pesando sobre seu lombo, é apenas o fruto daquilo que você deixou plantado lá atrás.

Talvez você nem tenha se dado conta de que tudo o que faz se transforma em uma onda energética que vai e volta na mesma intensidade para você.

Faça esta experiência: Diga hoje para as pessoas de seu convívio profissional e familiar o quanto elas são importantes para a sua felicidade e declare o quanto significa a presença delas em sua vida.

Se não puder fazer pessoalmente, escreva um e-mail ou uma mensagem na rede social, na página da pessoa, só para ela saber. Evite expor sua manifestação perante outras pessoas que não estão no contexto da mensagem.

Entenda que isso deve ser feito de forma muito discreta para não causar inveja ou ciúme nos amigos de quem receberá a energia de seu afeto.

A princípio, algumas pessoas vão achar que você está agindo com falsidade, com segundas intenções, precisando de dinheiro, que você descobriu alguma doença, que arrumou um trabalho melhor ou alguma pessoa rica para se casar e está se despedindo.

Porém, se você adotar essa postura como conduta diária e assumir este comportamento nutritivo como filosofia de vida, você criará uma corrente energética muito poderosa a seu favor.

Dentro de pouco tempo você notará algo mágico acontecendo em todas as áreas de sua vida. Quando você cuida bem das pessoas, mesmo que seja por meio de pequenos gestos de gentileza, você ativa uma energia de prosperidade e fluxo de felicidade inesgotável.

Portanto, quando o universo começar a lhe trazer as oportunidades bem-sucedidas de forma inexplicável, jamais questione os acontecimentos que estão lhe proporcionando fluir, muito menos se deixe impressionar.

Apenas abra-se para receber, viva intensamente a sua abundância sem ganância, agradeça e mentalmente declare: Eu sou o endereço da sorte.

41
Aceite logo que dói menos

Algumas pessoas são muito intolerantes, rancorosas, amargas, extremamente agressivas e vivem descarregando suas frustrações nos outros.

Há um tempo, fui fazer uma palestra e na saída do evento se aproximou de mim um homem com um tom de voz revoltado e me disse: Você fez uma bela apresentação! Porém, estragou a sua palestra ao declarar sua admiração pelo apresentador Faustão.

Evitando conflito eu respondi de forma educada: Eu respeito a sua posição. Mas eu só falei do Faustão porque sinto um amor tão grande por esse carismático comunicador, que mesmo eu sendo poeta, não tenho a palavra certa para expressar tamanha admiração por ele! Nos momentos mais difíceis da minha vida, o Faustão foi a pessoa que mais me alegrou, me inspirou e me deu força para erguer a cabeça e confiar que eu poderia realizar meu sonho de ser também um comunicador de sucesso.

O homem retrucou: Sinceramente, acho um absurdo uma pessoa como o Faustão ganhar milhões para trabalhar apenas uma vez por semana, enquanto eu acordo diariamente de segunda a sábado, às 4 horas da madrugada, e ainda enfrento três horas de trânsito todo dia para ir e vir do trabalho. Sem contar a mixaria que eu recebo de salário não dar nem para cobrir as minhas despesas.

Quando achei que o homem tinha concluído e fui me despedir, ele atravessou na minha frente, forçando-me a escutá-lo e prosseguiu reclamando da sorte dele e amaldiçoando o sucesso do Faustão.

O fato é que, atacando a imagem do meu ídolo, ele jamais iria conseguir um diálogo positivo comigo. Entretanto, como estudioso do comportamento humano, refleti que poderia tirar uma grande lição se eu escutasse aquele cidadão com calma.

Tentando entender a sua frustração com a vida, esperei o homem desabafar toda sua angústia para que eu pudesse lhe responder com argumentos que se encaixassem dentro de sua capacidade de compreensão.

O homem, expressando muito ódio pelo jeito de se comunicar do Faustão, e demonstrando raiva pelo salário que o apresentador recebe, disparou:

Eu não suporto aquele cara. O Faustão não espera ninguém falar, ele faz a pergunta e ele mesmo responde. E ainda fatura milhões para apresentar o programa daquela forma! Enquanto eu nunca subi de posição na vida. Isso não é justo.

Assim que ele deu uma pausa eu falei: Amigo, com essa mentalidade pobre que você tem, eu tenho certeza de que vai procurar saber quanto eu cobrei para fazer a palestra aqui na empresa e, ao descobrir o valor do meu cachê, você vai sentir a mesma raiva que nutre pelo Faustão. Porque o seu olhar está sempre focado na vida dos outros. Mas a vida não favorece uma pessoa e desfavorece a outra. Cada um de nós recebeu de Deus um talento valioso, cabe a você descobrir qual é o seu dom e conquistar o que é seu por direito. Você nunca subiu na vida porque é muito baixo-astral; você olha para o sucesso dos outros com ódio e vive amaldiçoando a conquista alheia. Resumindo, o rancor que você sente do Faustão é, na verdade, inveja da brava.

    Ele alterou a voz e defendeu-se: Eu não tenho inveja daquele desgraçado. Eu quero é que ele morra. Naquele instante, usando de inteligência emocional, eu baixei o meu tom de voz e serenamente perguntei: Você acha que uma pessoa que vive chamando alguém de desgraçado e desejando a morte dos outros, está mesmo agindo de maneira certa?

Ele ainda muito raivoso rebateu: Você está o defendendo porque gosta dele. Contudo, eu odeio quando ele não espera o entrevistado responder as perguntas que ele faz.

Eu respondi: Ocorre que uma pessoa inteligente como o Faustão pensa muito rápido, é extremamente ansiosa, que no caso dele faz a pergunta, o entrevistado demora para responder, então parece que a pergunta dele entra por um ouvido do entrevistado, sai pelo outro e retorna para ele em forma de resposta. Enfim, ele mesmo acaba se respondendo. Embora você insista em dizer que o Faustão está agindo errado, sendo exatamente como ele é que o tornou um dos maiores salários da televisão brasileira. E uma curiosidade muito interessante, que eu duvido que você tenha conhecimento a respeito da generosidade do Faustão. Os jornais revelaram que o Faustão deu mais de duzentas casas para os funcionários dele. E você, que se julga ser uma pessoa tão equilibrada, com certeza nunca pagou um mês do aluguel de sua mãe.

O homem engoliu seco os meus argumentos e já querendo encerrar o assunto disse: O motorista que vai levar você embora, já está ali na frente o chamando.

Eu coloquei a mão ombro dele e o convidei para uma reflexão: Há uma grande diferença comportamental entre você e o Faustão. Observe que você se dirige ao apresentador chamando-o de desgraçado e ele sempre quando fala o nome de alguém usa o verbo para enaltecer, chamando a pessoa de gloriosa. Quero lhe deixar um conselho; tire esse rancor do seu coração, abençoe a felicidade alheia e aceite o jeito de ser do Faustão porque dói menos.

Repense a sua forma de encarar o êxito dos outros e mude o seu comportamento agressivo para uma conduta de positividade e elevação emocional. Descubra qual é o seu talento, invista em seu dom, pare de atacar a imagem luminosa das pessoas que estão brilhando onde você gostaria de estar e espalhe a energia do bom humor por onde você passar.

Agindo diferente, a vida vai corresponder também com um resultado positivo diferente. Você tem uma estrela adormecida em seu interior. Faça como o Faustão, mostre a sua luz que as pessoas lhe pagarão fortunas para ter você iluminando a vida delas!

42
Ativando a sua deusa interior

A mulher que descobriu a sua deusa interior desperta em si uma chama intensa que nunca mais se apaga.

Ela tomou posse da própria força e o melhor de sua essência desabrochou.

A sua pele é fina e seu olhar é extremamente encantador.

A sua boca quente transmite uma energia aquecedora como um fogo emocional.

O toque de suas mãos ousadas faz a imaginação do ser amado voar alto no astral.

A sua alma ama viajar porque essa sua vocação faz parte de sua missão espiritual.

A sua sensibilidade é expressão da nobreza e a sua marca dita o tom do bom gosto.

Ela pertence a uma geração sábia que já nasceu para comandar e viver no topo.

Ela é tão linda, atraente, desejada, amada e valiosa que quem conseguir fisgar o seu coração terá o seu próprio avião e pousará em segurança em qualquer aeroporto!

O seu útero é um canal de luz que Deus usa para enviar um novo ser ao mundo material.

A sua fertilidade é a ponte secreta que atravessa o espírito para uma experiência carnal.

Os seus seios são fontes que alimentam a chama da vida e oferecem o afeto nutricional.

Se algo de fato lhe agrada, nada lhe faz desviar do objetivo e desistir do que quer conquistar.

Até mesmo quando o sapato que ela tanto gostou aperta os pés na hora de provar.

Depois que ela decide ser o destaque da noite, paga o preço e faz sua estrela brilhar.

Quando ela chega a um lugar, os cotovelos das mal-amadas começam logo a sangrar.

Elas roem as unhas de inveja porque sabem que o brilho do seu charme vai lhes ofuscar.

Ela é livre, leve, solta, pura luz e acima de tudo feliz com o seu jeito de se comportar.

O que dizem de negativo a seu respeito entra por um ouvido e rapidamente vaza pelo outro.

Sua mente é seletiva e se alguém tenta colocá-la para baixo ela despacha o encosto.

Porque quem dita a regra do seu destino é a sua autoestima, que só valida seu gosto.

Ela usa roupas que elevam seu nível e a colocam como o centro das atenções.

Porque o amor-próprio a diferencia das demais e a coloca acima dos padrões.

Muitos sonham em descobrir os seus segredos, mas poucos terão as suas revelações.

A sua presença guarda um mistério mágico que nem todo mundo pode compreender.

A sua astúcia é como um gato que só mostra as unhas quando precisa se defender.

A força de sua deusa interior é como as ondas do mar que ninguém consegue conter.

Ela sabe a dose de charme exata para lançar e conquistar o que almeja alcançar.

A sua intuição é como uma antena que capta no ar os sinais que a vida quer lhe revelar.

Ninguém a passa para trás porque ela escuta a voz interior e não se deixa ludibriar.

Ela sabe o quer e como descobrir o segredo das portas que lhe abrirão os caminhos.

Basta um retoque no cabelo e o seu batom vermelho que todo mundo já fica caidinho.

Às vezes, ela chora com os olhos, mas, por dentro o seu coração está se divertindo.

Ela não assume discurso feminista e nem se rebaixa na condição de submissa.

Porque ela é inteligente e usa os seus truques para driblar as mentes machistas.

Finge que é boba, mas, no final das contas, faz tudo do seu jeito sem deixar pistas.

Na rua, ela se comporta como uma elegante dama de uma conduta inquestionável.

Mas entre quatro paredes, ela se desfaz da pose social e solta seu instinto indomável.

A sua presença transmite serenidade, segurança, amor, autoconfiança e credibilidade.

Porque ela se conhece muito bem e sabe usar o seu poder a favor de sua felicidade!

43
Despertar, elevar-se e prosperar

Existe o tipo de pessoa que, mesmo tudo dando errado em sua vida por causa de sua maneira de agir, insiste em continuar se comportando do mesmo jeito.

A pessoa tem um olhar pessimista e uma mente muito negativa que, para cada solução que você mostra, ela arruma um problema!

Conheço uma pessoa que enxerga a possibilidade de tudo dar errado. Devido ao seu jeito dramático de pensar, já atraiu para a vida dela vários problemas de saúde.

Um dia, eu e um grupo de amigos combinamos de passar um fim de semana na praia e, desejando oferecer um passeio agradável para essa pessoa, tivemos a ideia de tirá-la de seu mundo interior escuro e levá-la conosco para curtir a luz do sol.

O nosso objetivo era que a pessoa tivesse a oportunidade de sair de seu ambiente cinza e cenário mental derrotista e se divertir na companhia de pessoas alto-astral. Quando pegamos a estrada, ela olhou para trás, viu uma carreta se aproximando de nosso carro e, com olhar arregalado igual a urubu desejando a morte de alguém disse: Já pensou se aquela carreta enorme perde o freio e bate no nosso carro? Eu vou ser a única pessoa a morrer esmagada no banco de trás.

Eu perguntei: Você quer trocar de lugar comigo e vir para o banco da frente? Com cara de defunto vivo, ela disse: Indo atrás ou na frente, fora da minha casa estarei sempre correndo o mesmo risco de morte. Mas, já que estou aqui mesmo, eu aceito trocar de lugar.

Paramos em um posto de combustível e fizemos a troca de lugar. Poucos minutos depois, nos aproximamos de um ônibus que seguia tranquilamente à nossa frente e a pessoa disse para o nosso amigo que dirigia: Já pensou, se você perde o freio e bate na traseira daquele ônibus? Com certeza não vai sobrar nem o porta-malas do seu carro!

Eu pensei: Na verdade não vai sobrar nem a alma da mala que estamos levando conosco para estragar o nosso passeio...

Objetivando mudar de assunto eu comecei a fazer palhaçada dentro do carro e o grupo deu muitas risadas. Mas a pessoa estava em um estado de amargura e apego profundos, vivendo uma realidade sofrida criada por ela mesma, que levou na mala os exames clínicos que revelavam o estado alterado de sua pressão.

Enfim, chegamos à praia e o sol estava simplesmente espetacular! Compramos cinco cocos para o nosso grupo de amigos se refrescar um pouco e depois apreciar a maravilhosa praia.

Imagine qual dos cocos estava estragado? Isso mesmo, o dela. Foi o suficiente para a pessoa começar uma confusão com o vendedor.

Eu interferi e disse: Não precisa brigar por causa do coco estragado. Basta você pedir ao vendedor para trocar por um bom e pronto.

Quando mostrei rapidamente como resolver a questão sem criar conflito, a pessoa irritou-se comigo e disse: Deixa de arrumar solução para os meus problemas. Aqui não é lugar para você dar palestra, não. Deixe-me em paz com os meus problemas.

Todos do grupo riram da situação. Emburrada, ela decidiu ficar à sombra de uma barraca enquanto nós brincávamos na areia e na água do mar.

De repente, vi que ela estava discutindo com um fumante, que estava sentado a seu lado e havia lhe dado um banho de fumaça. Imediatamente, fui acalmar os ânimos dos briguentos e com muito esforço consegui fazê-la entrar na água para arrancar aquela energia densa e receber da natureza uma limpeza espiritual no sal do mar.

Apesar daquela presença desagradável entre nós, durante o passeio provamos deliciosos pratos, conhecemos pessoas incríveis, fizemos novas amizades, tiramos muitas fotos e nos divertimos bastante.

Na volta, olhávamos as fotos para relembrar cada momento vivido. Ela, com cara de desânimo, disse: Eu não entendo Deus! Tanta gente passando sede no mundo e Ele faz um mar daquele tamanho com água salgada.

Confesso que, sendo um motivador nato que só deseja a felicidade de todos, ao ouvir mais uma reclamação, pensei: "Meu Deus, por que eu não levei essa pessoa para entrar no mar de Recife? Lá no Nordeste é tão fácil achar um tubarão...".

44
Educação emocional

Muitos pais deixam a criança pequena chorar no berço até se cansar e dormir sem ser acolhida, pensando que agindo assim vão fazer a criança se tornar independente.

Mas se a criança é um espírito muito sensível, ao ser ignorada por quem deveria lhe transmitir segurança, torna-se vítima de um devastador sentimento de abandono, gravado em sua memória emocional, registrando a infeliz mensagem de autossabotagem de que a criança não é amada e vive desprotegida.

Outro ponto que eu quero destacar é que tem adulto que não recebeu educação emocional e, da mesma forma bruta como foi criado, usa um tom de voz autoritário para se impor ao filho, sem perceber que a sua conduta desequilibrada ativa na mente da criança um prazer sarcástico em provocá-lo só para lhe fazer pirraça e medir força por meio da rebeldia. Dessa forma, a criança facilmente tira o adulto do sério e o faz perder a paciência. Muitas vezes, a pessoa acaba xingando a criança e até a agredindo fisicamente, achando que a violência é o método adequado para ensinar alguém a ser da paz. Porém, depois que a pessoa volta a si e se toca de que extrapolou na dose, sente-se profundamente culpada e arrependida de seu destempero. Quem foi tratado com desprezo na infância, chega na fase adulta carente, pegajoso, ciumento, grudento e sem brilho próprio, que geralmente se dá mal afetivamente e nunca consegue se estabelecer profissionalmente, porque vive sempre se encostando nos outros, transformando os parceiros de convívio em seu porto seguro para acolher o seu eterno medo de voar com as próprias asas.

Não obstante, sufoca quem está ao seu lado buscando em sua companhia uma relação saudável e de cumplicidade. Enfim, a pessoa carente é um porre; ninguém suporta o seu enjoado comportamento de pedinte afetivo que nunca está satisfeita com nada do que recebe.

Pelo fato de não se dar o devido valor, está sempre implorando por uma migalha de atenção. Tem pessoa que vive em um estado de carência interior tão agudo, que se você agir apenas com educação a tratando bem, ela já se imaginará de mãos dadas com você diante de um altar dizendo sim e até que a morte nos separe!

Estou lhe transmitindo esse conhecimento porque o recebi do meu adorável pai, que nunca me bateu para corrigir de forma agressiva um erro meu. Às vezes em que ele gritou comigo foi quando eu estava saindo de casa. Meu pai, demonstrando que já sentia saudade de mim, afetuosamente gritava bem alto enquanto eu sumia na estrada: Filho, vai com Deus. Eu te amo muito!

Passados alguns anos, hoje eu tenho uma filha pequena e quando estou com ela, assumo o papel de seu melhor amigo. Por exemplo, se a minha filha quebrar algum objeto, por mais importante que seja, em vez de gritar com ela dramatizando sua falha, eu procuro agir de forma afetuosa e, aplicando o mesmo amor que recebi do meu pai, uso um tom de voz sereno; eu a abraço, transmitindo segurança e mirando seus olhos digo: Fique tranquila, amada. Isso acontece. Mesmo se o ocorrido for em público, eu jamais brigo com ela na presença de pessoas desconhecidas, rebaixando-a e dando importância aos outros.

Isso trava, deixa a pessoa com medo de falar em público e com receio da opinião alheia maldosa. Adotando essa postura eu evito que minha filha se sinta culpada e intimidada diante de seu ato falho.

No entanto, quando a emoção negativa passa, eu me abaixo diante dela para que a minha imagem de autoridade fique do tamanho de sua compreensão, seguro docemente em suas mãos lhe transmitindo paz interior e calmamente lhe explico como devemos agir para evitar quebrar as coisas.

Dias depois, eu relembro o acontecimento falando de forma engraçada para que ela dê risadas de seus erros. Com esse laço de confiança estabelecido entre nós, damos muitas gargalhadas enquanto aprendemos juntos a cuidar um do outro.

Entendo que uma pessoa humilhada pelos entes queridos acaba guardando as experiências amargas como amarras internas, torna-se uma alma prisioneira de seus erros e de sensações negativas, sente-se culpada até por atos que não cometeu, passa uma vida inteira em uma eterna fuga do momento presente, perde grandes oportunidades por causa do medo do julgamento e da reprovação dos outros.

Para ter uma comunicação eficiente na educação de uma criança é preciso que haja bom senso em seu próprio comportamento e coerência para reconhecer que uma postura desrespeitosa nunca vai construir uma relação harmoniosa.

A forma mais prática para disciplinar, educar, estabelecer limites e desenvolver obediência no comportamento de uma criança é o seu próprio exemplo de educação.

Lembre-se de que sua conduta é como um espelho e o comportamento de seu filho é o reflexo da sua imagem. Eu sei que dói muito aceitar e olhar para isso. Com essa reflexão, desejo que você trate seu filho com muito amor, firmeza e acima de tudo o eduque com afeto.

Agindo assim, quando você chegar à velhice e retornar à fase de infância, ou seja, voltar a ser aquela criança frágil que já foi um dia, este filho que está sendo bem cuidado por você agora será o adulto amável e feliz que vai cuidar de você em seus momentos de fragilidade e dependência.

Entenda bem a minha mensagem. Não estou aqui recomendando que você aja de maneira irresponsável mimando o seu filho com excesso de cuidados, atendendo todas as vontades da criança e estragando a sua personalidade formando um caráter manipulador, e lançando na sociedade mais uma pessoa sem educação, que acha que pode invadir o espaço dos outros como se o mundo fosse um imenso terreno sem cerca, sem dono e sem limites.

A minha proposta é que você faça parte de uma geração de pais sábios que usam o amor como base emocional para edificar e construir filhos fortes, com personalidade inteligente, doçura na forma de agir e tornando-se almas equilibradas.

Agora, se você sofre de carência, a minha dica para desativar o sistema emocional que lhe mantém com a alma aprisionada ao passado é você procurar praticar algum esporte, fazer exercício físico diário, se movimentar para positivar o seu astral, ativar o bom humor, elevar o seu estado emocional, levantar a sua autoestima, equilibrar a sua energia e despertar o amor-próprio.

45
Deus sabe o que é melhor para você

Eu estava no metrô quando um casal muito sorridente e de mãos dadas entrou no vagão. A moça, elogiando o namorado, disse: Parabéns, amor, pela sua apresentação lá na faculdade! Fiquei muito orgulhosa de você! Pois você mandou tão bem, que deixou a sala de aula inteira de boca aberta, admirando a sua inteligência! Amei a forma clara e contundente que usou para apresentar o tema de maneira tão brilhante!

Enfim, a moça protagonizou uma declaração de amor e cumplicidade tão linda que eu, na condição de solteiro, confesso que senti inveja daquele cara sortudo, sendo enaltecido pela mulher que ele tinha ao seu lado e em pensamento reclamei: Está vendo, Deus? Era uma mulher dessas que gostaria de ter ao meu lado para sempre como minha esposa e não aquelas loucas que o Senhor tem colocado em meu caminho, torrando a minha paciência com ciúme e outras idiotices de mulher insegura.

Como se Deus estivesse me respondendo, de repente, entrou no trem uma mulher daquelas que quando saem de casa usam só o corpo para sair porque a roupa ficou estendida no varal. A mulher se dirigiu ao rapaz e perguntou se aquele trem estava indo na direção onde ela pretendia chegar, e ele confirmou que ela estava sim embarcando no sentido certo. Entretanto, quando estávamos chegando à próxima estação, ele percebeu que havia dado a informação errada. Então, ele se levantou, foi até a moça, desculpou-se pelo engano e, corrigindo-se, deu a informação correta. A moça sorrindo, brincou: Pelo visto somos dois atrapalhados? Ele ficou constrangido e apenas concordou balançando a cabeça meio sem graça. A moça desceu e pegou o trem no sentido certo.

Quando o trem deu partida, a namorada do rapaz, que instantes atrás parecia um anjo guiando seus passos, simplesmente se transformou no demônio e disparou a falar: Você pensa que eu não percebi o truque que você usou para se aproximar daquela malvestida só para olhar de perto mais uma vez para o corpo dela antes da periguete descer?

O rapaz ficou pálido de raiva e defendeu-se: Você não tem jeito mesmo. Acredita que eu seria tão ordinário a ponto de fazer uma pessoa embarcar no destino errado só para curtir cinco minutos de sua presença e fazê-la perder o seu tempo? Só uma pessoa louca como você para imaginar um absurdo desses!

Ela alterou a voz e gritou com ele na frente de todo mundo: Não subestime a minha inteligência. Eu vi no olhar que você gostou daquela desnuda.

Impaciente, o rapaz só esperou chegar à estação seguinte, desceu e deixou a namorada chorando dentro do trem. Eu, que minutos atrás sentia inveja do suposto homem sortudo, agora, vendo o paraíso dele se transformar em inferno, voltei meu pensamento a Deus e disse: Eu já entendi o sinal que o Senhor está me dando e lhe peço perdão pelo pedido idiota, quando o cobrei para colocar em meu destino uma mulher igual a essa que eu achava ser o tipo de pessoa perfeita como minha companheira. Só que, diante do comportamento desequilibrado dela, eu percebi que me enganei, porque ela demonstrou a verdadeira face, destruindo o tesouro que o Senhor lhe deu em forma de um amor para que ela fosse feliz.

Refleti mais um pouco e considerei: Reconheço que o Senhor sempre sabe o que é melhor para mim. Portanto, peço por tudo quanto é mais sagrado que imediatamente cancele o meu pedido idiota antes que os seus eficientes anjos digam amém para o meu desejo equivocado que, inclusive, já passou.

Com essa experiência, cheguei à conclusão de que a grama do vizinho só está mais verde do que a nossa porque ele convive com uma mula sem cabeça que já lhe deu tantas patadas na boca que o coitado ficou sem dentes e impedido de pastar na grama.

A mensagem que quero transmitir para você é: Evite reclamar da pessoa que Deus colocou em seu destino e pare de comparar o seu relacionamento com a vida dos outros, achando que todo mundo é mais feliz que você.

Releve os pontos fracos da pessoa amada, volte o seu olhar apenas para aquilo que ela tem de agradável para lhe oferecer e corte em seu comportamento as ervas daninhas que estão nascendo em sua imaginação, sugando sua energia e fazendo sua grama parecer mais seca que a dos outros.

Prepare seu solo interior, adube o terreno de sua mente com lindos sonhos e lance boas sementes em forma de planos, pois, estando com o foco em sua plantação, os insetos mentais que vivem destruindo a sua lavoura, não tendo mais ilusões para se alimentar, abandonarão o seu plantio e irão embora de seu território.

Quando concluir a sua parte, tenha a certeza de que Deus sempre sabe o que é melhor para você e na hora certa lhe trará a recompensa em forma de uma chuva de bênçãos!

46
Investindo sua força na coisa certa

Existem muitas pessoas que usam a força delas contra os próprios planos, ou seja, colocam a sintonia interior só na maldade, vivem preocupadas e prevenidas para receber possíveis coisas ruins.

Às vezes, a pessoa não tem absolutamente nada de bens materiais e anda com um galho de arruda escondido no corpo, alegando que é para se proteger da inveja.

Outro exemplo comum: A pessoa é insegura e vive imaginando que está sendo traída. E o que ela acaba atraindo para sua vida? Como se trata de um processo inconsciente, a pessoa não percebe que a energia de insegurança que emite é como um poderoso ímã, que atrai para si exatamente aquilo que ela mais teme ocorrer. E a pessoa ainda bate no peito e diz: A minha intuição não me engana.

Mas isso não é ser uma pessoa intuitiva. Na verdade, a pessoa não tem consciência do próprio poder e usa a sua força oculta para atrair desgraça. Ela nem sequer sabe que um pensamento pessimista estabelecido como verdade interior é como a chave do seu íntimo que ela está oferecendo para a negatividade do mundo entrar em sua vida.

Sem contar que esse tipo faz aquelas orações dramáticas iguais a de um pedinte miserável que fica implorando a Deus para afastar a maldade de sua vida.

Você percebeu que toda a fé da pessoa está sempre em conexão com a infelicidade? É claro que energia concentrada em coisa ruim vai acabar atraindo coisa ruim. Isso é óbvio.

Analise comigo: Você já reparou que cachorro só morde quem tem medo de cachorro e que barata só pula no colo de quem tem pavor de barata?

No entanto, a pessoa não entende que os resultados negativos que atrai são frutos de sua própria forma errada de interagir com o universo.

Estou lhe transmitindo este valioso conhecimento com base na minha própria experiência, porque, vinte e cinco anos atrás eu era lavrador, sem estudo, morava isolado de tudo e sonhava me tornar um escritor. Atualmente sou autor de uma das mais importantes editoras do país.

Enfim, o universo atendeu prontamente ao que estava estabelecido como verdade em meu interior. Portanto, o ideal é você andar com algo que lhe mantenha a mente e o sentimento sintonizados com coisas construtivas.

Por exemplo: carregue no bolso a foto daquele carro incrível que você quer ter, daquela casa linda que você tanto almeja como seu lar, o logotipo da empresa maravilhosa que você sonha montar, orar agradecendo pelas coisas boas que você já tem e mentalizar aquilo que quer atrair.

Não se esqueça de que a correnteza do rio da felicidade sempre flui na direção do mar da prosperidade. Você já notou que o dinheiro só vai para quem já tem muito dinheiro?

Portanto, mergulhe nesta vibração e construa em sua mente imagens positivas e esteja com sua energia conectada a algo que possa lhe trazer felicidade.

Saiba que a proteção mais poderosa do mundo contra a maldade é pensar no bem, ser o bem, fazer o bem, desejar o bem, transmitir o bem e confiar no bem.

47
Liberdade demais vira invasão

Uma pessoa me enviou uma mensagem dizendo: os seus textos, embora divertidos e tocantes, são muito longos! Grave suas mensagens em vídeo, pois, eu não tenho paciência para ler mais do que meia página, já me canso e desisto da leitura.

Na maior boa vontade, aceitei a sugestão e passei a publicar mensagens em vídeo de no máximo oito minutos. Ela novamente reclamou: Os seus vídeos estão muito longos com oito minutos, faça algo bem pequeno para facilitar o interesse do público, pois, quando passa de quatro minutos, eu paro de assisti-los.

Novamente, acatei a sugestão e no primeiro vídeo que publiquei, ela já se sentia íntima demais para criticar o meu trabalho e disse: Evaldo, os seus vídeos continuam muito longos, isso me causa incômodo.

Eu senti que já estava na hora de colocar a pessoa em seu devido lugar e respondi: Já que você gosta de tudo curto, vou ser curto e grosso: Chata como você é, certamente terá vida curta!

Ela retornou: Pensei que você fosse uma pessoa aberta para ouvir críticas construtivas. Eu falei: Quem se abre demais acaba sendo invadido, perde a personalidade e transfere o brilho de seu carisma para pessoas preguiçosas e acomodadas que querem tudo mastigado.

Ela retrucou: Mesmo assim, eu quero que você saiba que os textos e vídeos são muito longos. Evitando perder tempo perguntei: E se você estiver no topo de um prédio onde está acontecendo um terrível incêndio e eu, trabalhando como bombeiro, for salvá-la, você quer que eu coloque uma escada curta e o restante da altura do prédio você se joga, para fugir do incêndio? Ela não me respondeu e deixou de me seguir.

Eu já estava produzindo os meus conteúdos sempre com o pé atrás e inseguro com as críticas que poderia receber se não me enquadrasse dentro da mente lesada da pessoa.

Veja como somos vulneráveis e sugestionáveis! Observe que já não era mais a minha alma que estava trabalhando. Era o meu ego me fazendo sofrer para atender às expectativas alheias, colocando o meu prazer em último lugar.

Quando constatei que a reclamona não estava mais fazendo parte do meu seleto grupo de leitores senti uma paz de espírito imensa.

Esse tipo de pessoa é como o morcego que vai silenciosamente sugando seu sangue, roubando a sua energia, esgotando suas forças, minando a sua inspiração e o deixando sem ânimo para fazer aquilo que você ama, por medo de críticas e opiniões contrárias ao seu ponto de vista.

48
Diga-me com quem anda e lhe direi quem se tornará

Quando eu estava sendo treinado como palestrante, o meu instrutor Cesar Romão me convidou para um evento muito importante, em São Paulo, a entrega do prêmio Super Cap de ouro, com a presença de dois mil famosos.

A ideia do Romão era que eu tivesse a oportunidade de aprender com os famosos como se comportam as pessoas de sucesso. Eu nunca tinha usado uma roupa chique, nem entrado em um carro de luxo e muito menos havia participado de uma festa de alto nível.

Orientado pelo meu professor, aluguei um terno chique para a ocasião e o Romão ficou de me buscar para irmos juntos ao evento. Afinal, ficaria estranho pegar três conduções lotadas e trajando aquele caríssimo terno. Certamente, eu chegaria todo amassado.

De repente, Romão chegou dirigindo a sua possante Mercedes e me conduziu rumo ao sucesso. Entrei na Mercedes e quando sentei naquele banco de couro macio, mesmo ainda morando na favela, eu comecei a sentir raiva da pobreza. Romão me disse: Vamos passar na TV Gazeta para buscar o Ronnie Von que vai conosco para o evento.

Naquele instante, eu estava me achando tão importante que estufei o peito igual a um sapo cururu. Paramos em frente à emissora e quando o Ronnie Von entrou na Mercedes e sentou-se, diante da elegância daquele homem, não me segurei e disse: Ronnie, esta noite eu sou todo seu.

Ele e Romão riram bastante e lá fomos rumo ao Círculo Militar de São Paulo, onde ocorreria a festa.

Ao deixarmos o carro com o manobrista, logo na entrada tinha um tapete vermelho enorme que dava acesso ao salão nobre do evento. Eu fiz cara de modelo famoso e, dando passos longos igual a uma *top model* na passarela, me lancei naquele universo desconhecido como se aquele ambiente já fizesse parte da minha rotina diária.

Chegamos à nossa mesa e os garçons, já velhos conhecidos dos meus companheiros, trouxeram uma taça de vinho para cada um apreciar.

Mesmo criado em um ambiente de extrema pobreza, todos nós já nascemos com uma alma nobre. Eu esperei que o Ronnie e o Romão degustassem o vinho primeiro para que eu pudesse aprender e não fazer feio.

Romão pegou uma taça de vinho e, expressando fineza na mão mexeu a taça, levou-a ao nariz para apreciar o aroma do vinho, colocou um pouco na boca, moveu os lábios como se estivesse mastigando o líquido e bebeu. Em seguida, Ronnie Von pegou sua taça e repetiu o gesto, mas tomou apenas um gole.

Naquele momento percebi que, embora eles fossem amigos, havia veladamente entre os dois uma certa competição para demonstrar quem ali entendia mais de apreciação de vinho.

Diante daquela cena, sem jamais ter tomado um gole de vinho na vida, pensei: Não vou ficar por baixo neste jogo e os dois hoje vão saber quem entre nós sabe de verdade apreciar um bom vinho!

Peguei delicadamente uma taça, fiz um movimento leve agitando o líquido para o aroma subir, sutilmente levei a taça até o nariz para sentir o cheiro, coloquei na boca a metade de um gole, mastiguei sem mexer os lábios e apreciei o vinho.

Admirado com a minha postura, Romão discretamente perguntou: Onde você aprendeu a tomar vinho deste jeito? Eu respondi: Meu amigo, para deixar de ser pobre eu incorporo o personagem da pessoa bem-sucedida em menos de um minuto.

No meio daquela gente importante, a minha vontade era de telefonar para o meu pai e dizer: Pai, o seu filho está brilhando! Mas a voz da consciência foi implacável: Como é que você vai ligar para seu pai no meio do mato, se seu celular está sem crédito e o dele também? Que situação humilhante para alguém que estava se achando o máximo e bancando fineza estar sem crédito para fazer uma simples ligação.

Enfim, chegou a hora de irmos embora e eu voltar para a realidade. Quando Romão parou em frente à estação de metrô para me deixar, ao descer do carro de luxo, a minha alma disse: Não tem quem me faça descer deste carro maravilhoso e voltar para aquele barraco onde você mora. Você quer retornar para aquela vida sem graça? Isso é problema seu. Mas não conte comigo nessa decisão.

Confesso que voltei para casa sentindo um vazio imenso no peito. Afinal, a minha alma havia me abandonado e se mudado para o mundo maravilhoso que o Cesar Romão tinha me apresentado.

Agora veja como é importante saber escolher com quem vamos conviver. Alguns anos depois, me apresentei no Teatro Gazeta em um importante evento organizado pelo renomado produtor Irineu Toledo, dividindo espaço de igual para igual com catorze dos mais respeitados palestrantes do Brasil, incluindo o Cesar Romão, que eu fiz chorar no final do evento com uma merecida homenagem de agradecimento por sua valiosa contribuição em minha vida!

49
Mude a sintonia e a vida muda o resultado

Quero falar com você que se encontra com a alma aflita e com a cabeça cheia de preocupações. O primeiro passo que você deve dar para sair da situação que o impede de enxergar a solução é mudar sua frequência mental para poder alterar o seu estado emocional e positivar-se.

Evite conversar com pessoas pessimistas, elas roubam sua energia. Deixe de assistir aos telejornais que só dão destaque para crimes e deixe de acessar portais de notícias que só se concentram em transmitir cenas e mensagens ruins.

Muitos veículos de comunicação, conhecendo muito bem o perfil do público que acompanha suas programações, transmitem apenas conteúdos negativos porque sabem que esse tipo de mensagem sempre rende altíssimos números de ibope e atrai grandes patrocinadores, que recorrem aos mercadores do caos visando a atingir grandes públicos que dão audiência. Pouco se importam se você é uma pessoa sensível e encontra-se em um estado de vulnerabilidade.

Faça o seguinte. Em vez de investir o seu tempo em coisas que só o colocam para baixo, mude a sintonia de sua vida para captar coisas que lhe acrescentam algo construtivo.

Busque ocupar suas horas vagas lendo um livro que vai lhe agregar conhecimento e desenvolvimento intelectual. Brinque com seus filhos ativando laços afetivos que vão estabelecer um elo de amor inquebrável entre vocês.

Participe de uma palestra com algum pensador que admira, assista a vídeos engraçados para nutrir sua mente com mensagens que elevam o seu astral ou ocupe o seu tempo livre escrevendo o lindo livro que acredita faltar no mercado para iluminar a vida das pessoas, mostrando que existe um caminho para a felicidade com menos sofrimento quando se olha a vida de forma leve.

Com isso, não estou sugerindo que você se torne uma pessoa lunática que viverá em um mundo de faz de conta. A minha proposta é que você construa a sua realidade.

Enfim, feche a porta para coisas que lhe deixam com medo do futuro e abra-se apenas para

249

sintonizar-se com algo nutritivo, que lhe possibilitará enxergar as oportunidades ao seu dispor, para você construir um presente feliz!

Se você não puder fazer nada do que citei acima, coloque uma música instrumental suave para tocar, feche os olhos e viaje na imensidão interior e, quando abrir os olhos, a sua mente já estará serena, o coração calmo, seu espírito estará em um estado de leveza tão profundo que as notas da curadora música lhe farão chorar de tanta paz que sentirá.

A sensação que fica é que o problema a ser resolvido, embora complicado, torna-se insignificante diante da sua paz interior.

Portanto, de volta para a sua essência, você ganhará força espiritual, colocará a vida em ordem e seguirá de cabeça erguida, apesar dos novos desafios a surgir na margem do caminho de sua existência.

50
Saindo da acomodação e vencendo a procrastinação

Procrastinação é o hábito de deixar para fazer amanhã o que pode ser feito hoje. Quando você relaxa nos afazeres, se acomoda e vai empurrando as coisas com a barriga, perde o foco e principalmente o seu precioso tempo.

A vida é um fluxo de situações e acontecimentos imprevistos que você não tem controle, ou seja, quando você não coloca as suas tarefas em ordem e vai adiando as pendências, os problemas não resolvidos vão se acumulando e transformando a sua vida em uma carga insuportável.

A pessoa bagunçada fica sem visão do rumo que está seguindo e, ao tentar fazer várias coisas ao mesmo tempo, acaba se perdendo em meio à própria desordem, se cansa fácil, a sua energia trava e o esgotamento mental a deixa sem ânimo e sem motivação para prosseguir e concluir aquilo que começou. Sem enxergar uma luz no fim do túnel, desiste de tudo, fica com a vida estagnada e sentindo-se culpada.

A solução para quem vive procrastinando é: Procure diariamente fazer logo no começo do dia uma lista das tarefas que são prioridades em sua vida e realize cada uma delas, sem pular a ordem do você estabeleceu como mais importante, para que sua mente se acostume com a disciplina de sua rotina diária.

Tendo essa parte bem definida e programada em seu interior, eu lhe garanto que, agindo assim, você vai realizar muito mais com menos tempo, se sentir feliz com o resultado e ainda lhe sobrará muito tempo para investir em questões pessoais como cuidar do seu bem-estar, curtir a sua família, se dedicar ao seu relacionamento, se aprofundar nos estudos de sua religião, fazer aquele curso que você tanto sonha, viajar, visitar alguém que você ama, conhecer lugares, passear, dormir mais, ler aqueles livros que lhe fazem tanto bem, participar como voluntário de algum projeto social em uma entidade que cuida de pessoas carentes, estudar novas tendências em sua área de atuação, promover seu autoconhecimento e despertar seu autodesenvolvimento intelectual, tornando-se uma pessoa de bem consigo e com a vida!

51
Viagem interior, o reencontro consigo

Como um atuante canalizador de mensagens, uso o calor da palavra construtiva para aquecer os corações, confortar, transmitir esperança, iluminar os caminhos, curar as feridas e, com um toque de leveza, afastar a tristeza dissolvendo as situações mal resolvidas de quem está com a alma aflita e sem rumo na vida.

Geralmente, quando escrevo sobre o amor, muitas pessoas ficam emocionadas, aliviadas de seus sofrimentos e curiosas me perguntam: Você está apaixonado? Eu respondo: Não estou apaixonado.

Na verdade, quando escrevo algo apaixonante estou apenas em meu estado de poesia! E as mensagens de amor que transmito são cenas poéticas que expressam as mais lindas sensações e vivências que meu espírito acessa quando mergulho no mar de emoções em meu próprio interior, mostrando que é dentro de mim que mora o verdadeiro amor.

E, quando estou com o meu emocional aflorado, simplesmente me deixo levar pela inspiração que me envolve, saio do momento presente por um instante, viajo na imaginação e vou parar em outra dimensão, onde magicamente posso sentir o prazer das coisas boas que eu sonho conquistar.

Assim, eu me fortaleço e ganho confiança para continuar trabalhando em busca do propósito que eu quero fazer acontecer, pois a poesia é como uma ponte astral secreta que me permite sair e me libertar das dificuldades do momento presente.

Eu volto no tempo e revejo a emocionante cena em que estou no colo da minha mãe sendo amamentado, enquanto nos olhamos docemente. Neste instante, ela sente-se tão feliz com a minha presença que me dá um abraço apertado e diz: Você é meu tudo. Coisa mais rica da mamãe.

Satisfeito com o seu gesto de afeto, eu retribuo o carinho lhe dando um gracioso sorriso. Agora, já crescido, me vejo chegando na casa daquele adorável velhinho que Deus me deu como avô, me atiro em seus braços e em menos de um segundo me sinto o garoto mais amado do mundo e arranco do peito aquela imensa saudade que quase me matou.

Depois, corro na chuva na frente do humilde casebre que eu morava lá no interior e em um comovente reencontro com a minha infância, transbordando de esperança, me revejo brincando com a caixa do único brinquedo que alguém me deu, mostrando que a verdadeira felicidade está na simplicidade e não na peça de alto valor.

Sentindo-me completamente livre, bato as asas da imaginação, deixo meu passado trancado em um arquivo seguro e me lanço na direção do meu almejado futuro.

Porque sou livre para sonhar e realizar tudo que eu quiser e a vida interage comigo fortalecendo a minha fé e tirando do meu caminho qualquer entrave. Pois o meu sonho é o meu guia, e o meu talento é a chave da minha alegria.

52
Você atrai tudo o que sintoniza

A lei da atração realmente funciona. Basta você saber usá-la a seu favor. O universo não questiona as nossas escolhas, apenas diz sim para tudo o que declaramos como verdade.

Vou lhe contar duas histórias, verídicas, que são exemplos bem claros de que tudo o que tememos transforma a energia do medo que emitimos em um poderoso ímã que, obedecendo ao comando mental que lançamos no universo, chama o objeto de temor para o nosso destino.

Um dia eu estava trabalhando na rádio como sonoplasta de uma conceituada psicóloga, que admiro muito por sua forma afetuosa e gentil de se relacionar com os colegas de equipe. Só não vou revelar seu nome para preservar a imagem profissional.

Durante o programa, ela estava abordando o tema "Vencendo o medo de insetos". Eu estava encantado com as suas coerentes explicações porque ela mostrava-se uma grande conhecedora do tema fobia e revelava eficientes técnicas para desbloquear o emocional de quem sofre com o medo de barata.

Ela estava apresentando o programa ao vivo e, de maneira bem-humorada, explicava que a barata é um ser completamente inofensivo. Até que num determinado momento do programa, de repente, surgiu uma barata enorme em cima da mesa; o inseto encarou a psicóloga e como estivesse se comunicando, mexeu aquelas duas anteninhas na cabeça, dando a impressão de que estava lhe agradecendo as belas palavras para explicar que barata é um inseto inofensivo.

Quando a psicóloga avistou aquela barata gigante bem à sua frente, mexendo aquelas anteninhas como se estivesse lhe dizendo alguma coisa, entrou em pânico, empalideceu e começou a desmaiar.

Neste momento, eu notei que a barata se assustou, imediatamente desliguei o microfone, coloquei uma música suave, peguei a barata pela perninha e disse: Fica tranquila que não vai lhe acontecer nada de ruim. Deus está no comando de sua vida. Eu vou salvá-la antes que você sofra um trauma e fique com fobia de ser humano, achando que todos nós somos perigosos e que vamos lhe fazer alguma maldade.

Tirei a barata do estúdio e levei o inseto até o corredor onde a soltei para ela ir embora. Quando voltei para o estúdio e socorri a psicóloga, ela acordou do desmaio, lhe dei um copo de água e ela, ainda apavorada e toda arrepiada, me perguntou: Você matou aquela peste? Eu respondi: É claro que não matei a coitada da barata. Eu jamais cometeria o crime de tirar a vida de um ser apenas porque alguém tem medo de sua inofensiva presença!

A psicóloga, já quase recuperada do susto, me deu um tapinha nas costas e falou: Não tem nada de engraçado nessa situação.

Ficamos nos olhando nos olhos por um instante, não seguramos a vontade de rir e acabamos caindo na gargalhada.

O outro caso é de um amigo que morre de medo de cachorro. Ele tem tanto medo de cachorro que, quando se depara com um cão na rua, já olha para o animal com uma expressão paralisada.

É claro que comportar-se dessa maneira é o mesmo que emitir ondas mentais dizendo: Estou para ser mordido. Curiosamente, todo cachorro que ele encontra tem uma antena, que de longe capta as suas negativas ondas mentais, correspondendo agressivamente com sua vibração de insegurança e o animal o morde.

De forma automática, o cachorro ativa em seu sistema nervoso um comportamento agressivo e ataca, confirmando a crença de que todo cachorro é um bicho agressivo.

Certo dia ele me contou que já fora mordido quatro vezes na bunda. Eu disse: Cara, use esse poder de atração que tem na bunda para atrair algo que lhe traga prosperidade, que lhe dê prazer e que lhe traga felicidade.

Ele começou a rir da minha ironia e eu continuei: Já que você tem tanto poder na parte traseira para atrair exatamente aquilo que você imagina, quando a Mega-Sena estiver acumulada em um valor bem alto, vá até a casa lotérica, compre o bilhete, fique de costas para a placa que mostra o valor do próximo prêmio a ser sorteado, mentalize você de volta na casa lotérica conferindo o resultado do jogo e a moça do caixa lhe confirmando que você é o novo milionário. Mas não basta mentalizar e ir embora, escolha bem os números, faça a aposta, pague o bilhete e, agindo igual você faz quando atrai um cachorro agressivo, mantenha a mente confiante de que você vai tirar a sorte grande e acertar os números que lhe darão o prêmio.

Ele me abraçou, rindo muito da minha sugestão, e me agradeceu pela observação. Encerrando, eu disse: A sua mente é como uma antena que capta tudo que sua imaginação traz para dentro. E o seu coração é como um receptor que transforma tudo o que recebe em uma força energética poderosa, que atua de acordo com o sentimento que você nutre, criando a realidade tal qual você a imagina.

53
O encontro com a consciência e o despertar da missão

Quando senti que eu deveria deixar o Nordeste e partir para São Paulo em busca de algo melhor para mim, percebi desabrochar no coração um sentimento leve e a certeza de que eu estava dando o passo mais assertivo da minha vida.

Depois de muitos obstáculos e portas fechadas na minha cara, consegui arrumar um emprego como operador de uma rádio de São Paulo, emissora cuja programação é voltada para o desenvolvimento humano e a transmissão de mensagens que despertam a consciência mediante temas e reflexões de brilhantes comunicadores.

Quero destacar aqui um deles em especial, Luiz Antônio Gasparetto, por quem desde o início senti profunda admiração pela inteligência, clareza e a sua ampla compreensão dos mistérios da vida.

Tenho muito orgulho de ter trabalhado como seu sonoplasta, durante vinte anos, e principalmente, sou-lhe grato pelos sábios conselhos particulares e orientações que me deu quando nada fluía bem na minha carreira.

Ele é uma pessoa que tem a mente iluminada e sua visão da vida está muito à frente de seu tempo! O Gaspa, como nós o chamamos nos bastidores, é um terapeuta muito consciente, um ser humano muito amoroso, que atua de forma prática e eficiente, arrancando as almas do lamaçal da inércia de consciência.

Um de seus cursos mais famosos, "Terapia Breve", é libertador. Ele tem o dom da palavra e sabe como quebrar as amarras internas que nos travam e, ao nos proporcionar um choque de realidade, nos abre a visão, nos coloca em contato com a nossa essência, nos revela que temos asas na imaginação e nos devolve o poder de usá-las para desbravarmos um imenso universo de possibilidades que a vida oferece para nos realizarmos!

Antes do meu contato com os ensinamentos do Gasparetto, eu era uma pessoa cheia de conceitos equivocados que amarravam a minha vida.

Entretanto, ao receber um toque de sua imensa luz, minha mente se abriu, minha essência desabrochou, minha consciência despertou e a minha estrela brilhou de forma esplendorosa! Sou imensamente grato a Deus por tudo que tenho aprendido com o Gasparetto. Como seria maravilhoso se o que ele ensina fosse transmitido nas escolas para, desde cedo, a gente já crescer com uma visão espiritual da realidade da vida! Certamente, seríamos pessoas mais bem sucedidas, equilibradas, amáveis e mais felizes. O legado do Gasparetto é um vasto conhecimento transmitido de maneira profunda e, ao mesmo tempo, com uma linguagem extremamente simples e encantadora.

54
A vida dá muitas voltas

Quando você estiver no topo jamais pise em alguém, sentindo-se superior só porque você tem dinheiro ou uma condição social mais elevada que as demais pessoas.

Quero relatar uma experiência que tive quando passava dificuldade. Certa vez, conheci uma moça que tinha a fama de ser metida, menosprezar e humilhar os rapazes que tentavam namorá-la, apenas por causa das condições financeiras de seus pretendentes.

No entanto, como eu sempre tive autoestima muito elevada e o meu objetivo era me relacionar com ela de forma sentimental e não fazer um negócio comercial, não me coloquei abaixo do mérito em tê-la como minha namorada.

Cheio de amor para dar e achando que eu me enquadrava no perfil de homem ideal para ter um relacionamento sério com ela, marquei um jantar em um restaurante compatível com o seu nível.

Após o jantar, decidi revelar que eu estava interessado em namorá-la; ela nem esperou que eu concluísse minha declaração, deu uma risada irônica, me esnobou e, passando por cima dos meus sentimentos, igual a um trator triturando os meus planos, disse: Meu querido, eu sou uma mulher muito cara e o homem para me conquistar terá que me oferecer uma vida superior ao meu padrão de vida, que é muito bom por sinal! E, pelas condições que você tem, percebo que não serve nem para comprar o tipo de bolsa que uso.

Diante do coice que ela me deu, me toquei que eu não tinha mesmo condições financeiras nem para lhe comprar uma bolsa falsificada. Enfim, ela nem terminou de jantar direito, deu a desculpa de que tinha outro compromisso e precisava ir embora; levantou-se e me deixou sozinho na mesa.

O mais desagradável dessa experiência não foi levar o fora, mas saber que ela havia pago a conta do restaurante só para deixar a mensagem de que eu não tinha dinheiro para bancar o jantar que lhe oferecera.

Confesso que, mesmo tendo autoestima muito elevada, na hora me senti tão diminuído que a sensação que tive foi sentir meu queixo abaixo do salto alto que ela estava usando.

O tempo passou, eu dei uma virada na minha vida, a reencontrei vinte anos depois e, sem saber que ela estava na pior perguntei: Você conseguiu arrumar o homem bem-sucedido para lhe oferecer o padrão de vida que tanto sonhava e presenteá-la com o tipo de bolsa que você gosta de usar? Ironizando a si mesma, ela respondeu: A vida deu tantas voltas para trás que a única bolsa que estou usando ultimamente é o bolsa-família (programa de benefício do governo para auxiliar pessoas carentes).

Dei muita risada com a resposta dela e, mudando de assunto, me falou: Estou sabendo que você comprou uma propriedade rural e se tornou criador de gado. Por que você não me falou que o seu plano era investir em bois? Quando eu fui responder, ela me cortou e, tirando um barato da minha cara, acrescentou: Se soubesse que você iria investir em bois, mesmo sem sentir amor, eu teria me casado com você naquele tempo que era louco por mim. Eu falei: Não lhe contei os meus planos porque já pastei muito na vida e aprendi que o fazendeiro que fala demais acaba atraindo vacas improdutivas! E se ele não proteger o que é seu com cercas bem seguras, elas vão invadir a propriedade e devastarão tudo o que ele plantou sozinho.

Ela riu muito da minha resposta e, recebendo a minha ironia com bom humor, me abraçou e disse: Senti em suas palavras uma certa mágoa de mim ao me xingar de forma sutil. Eu falei: Desculpe a vingança, mas, eu precisava tirar o sapo que você deixou entalado na minha garganta vinte anos atrás. Ela retrucou: Que bom que estamos tendo a oportunidade de fazer este acerto de contas. Me perdoe por eu o ter machucado. Eu era muito imatura naquele tempo e reconheço que jamais deveria ter o tratado daquele jeito grosseiro. Eu respondi: Relaxa. Pessoas que se comportam de maneira estúpida como você agiu comigo, na verdade, entram em nossa vida para que possamos lapidar o nosso ego e descobrir a força adormecida que temos em nosso interior. Mas me fale de você. Como anda a sua vida? Ela respondeu: Tive dois casamentos que não deram certo, a minha empresa faliu e os conflitos que sofri me ensinaram muito a ser alguém melhor a cada tombo que levei.

    Ao perceber que ela precisava abrir o coração propus: Podemos jantar amanhã naquele mesmo restaurante? Brincando, ela respondeu: Só se, desta vez, você pagar a conta. Eu disse: Será uma honra lhe proporcionar um momento de felicidade. Ela aceitou o meu convite e fomos ao restaurante.

Depois do jantar, peguei um pacote que estava escondido debaixo da mesa, lhe entreguei e disse: Esse é um presente meu para você.

Ela imediatamente abriu o pacote e não segurou a emoção ao constatar que da embalagem saiu uma linda bolsa da marca que ela tanto gostava de usar.

Curiosa ela me perguntou como eu sabia que aquele era exatamente o tipo de bolsa que ela gostava. Contei que uma amiga em comum havia me falado.

Ainda muito emocionada, ela me abraçou fortemente, massageando as minhas costas e disse: Você é um homem especial! Eu serenamente respondi: Na verdade, sou apenas uma pessoa que recebeu dos pais princípios e valores que o dinheiro nunca vai comprar.

Enxuguei o seu rosto e concluí: Receba esta bolsa de forma simbólica, como se eu estivesse devolvendo o seu poder interno e reativando a força da pessoa valiosa que você é, consciente de que a verdadeira riqueza a levar desta vida é o amor que transmitimos para quem cruza o nosso caminho!

55
Aprendendo a receber

Concluindo esta obra e realizando mais um sonho, quero deixar aqui um presente muito especial, do fundo do meu coração, que canalizei para iluminar o seu coração e deixar estabelecido entre nós um laço de afeto inquebrável.

Entregue-se de corpo e alma para receber a declaração que vou lhe fazer agora, positivando e abençoando esse mágico encontro que houve entre nós.

Imagine e sinta que as minhas palavras são, na verdade, as chaves espirituais de seu destino bem-sucedido; tome posse das minhas sugestões recebendo a intenção de cada mensagem apresentada como algo concreto em sua vida.

Ao colocar em prática as inspirações e os conhecimentos que canalizo e ensino, tenho recebido o melhor da vida de forma tão fluídica, intensa e contínua que a minha oração diária é começar o dia já agradecendo pelas maravilhas que vêm acontecendo na minha vida.

Compreendi que tudo flui de maneira natural na direção que colocamos o foco de nossa energia e força do nosso ser.

Com esta postura mental bem posicionada a nosso favor, nos estabelecemos como um canal de abundância infinita, sempre aberto para receber muitos tesouros que a nós pertencem por herança divina.

Por isso, quero deixar uma mensagem de ativação energética como um presente do melhor de mim para você, ordenando que a mesma lei universal de abundância que rege a minha existência seja o guia diário de cada passo que você der, transformando todas as suas escolhas e ações em realidade.

Saiba que os seus sonhos não são ideias nascidas em sua mente, na verdade são sementes espirituais plantadas por Deus no solo sagrado de seu coração para gerar bons frutos, que terão como missão alimentar e nutrir de energia positiva outras pessoas sonhadoras como você; seguindo o seu exemplo de transformação, os outros também farão germinar as sementes que trouxeram na essência em forma de sonhos.

Eu agradeço imensamente a Deus pela sua existência e desejo que você tenha muita sorte em sua vida, que os caminhos do sucesso estejam abertos, que você receba a proteção divina em tudo que for fazer, que tenha um trabalho tão prazeroso quanto o meu, fazendo o seu olhar brilhar de satisfação.

Desejo que tudo o que fizer lhe traga muita prosperidade, paz, contentamento, equilíbrio, realização, viagens inesquecíveis ao lado de pessoas incríveis.

Que você tenha como companhia um amor abençoado, uma presença de luz em seu caminho, mantendo a chama de sua alma acesa e lhe causando suspiros de prazer até o fim de sua vida.

Que você tenha muitas joias raras e, acima de tudo, que você seja a mais rara delas.

Que o brilho de sua valiosa presença seja como um ímã cativando a amizade de pessoas iguais a você, por onde passar, trazendo a certeza de que você é uma pessoa muito amada por tudo o que representa em seu interior.

E que a sua existência bem-sucedida ofereça para todos que compartilham com você o melhor da vida, a mesma felicidade, por tempo indeterminado, cumprindo a vontade de Deus na manifestação do bem.

Um carinhoso abraço,

Evaldo Ribeiro

GRANDES SUCESSOS DE
ZIBIA GASPARETTO

Com 17 milhões de títulos vendidos, a autora tem contribuído para o fortalecimento da literatura espiritualista no mercado editorial e para a popularização da espiritualidade. Conheça os sucessos da escritora.

Romances
pelo espírito Lucius

- A verdade de cada um
- A vida sabe o que faz
- Ela confiou na vida
- Entre o amor e a guerra
- Esmeralda
- Espinhos do tempo
- Laços eternos
- Nada é por acaso
- Ninguém é de ninguém
- O advogado de Deus
- O amanhã a Deus pertence
- O amor venceu
- O encontro inesperado
- O fio do destino
- O poder da escolha
- O matuto
- O morro das ilusões
- Onde está Teresa?
- Pelas portas do coração
- Quando a vida escolhe
- Quando chega a hora
- Quando é preciso voltar
- Se abrindo pra vida
- Sem medo de viver
- Só o amor consegue
- Somos todos inocentes
- Tudo tem seu preço
- Tudo valeu a pena
- Um amor de verdade
- Vencendo o passado

Crônicas

A hora é agora!
Bate-papo com o Além
Contos do dia a dia
Pare de sofrer
Pedaços do cotidiano

O mundo em que eu vivo
O repórter do outro mundo
Voltas que a vida dá
Você sempre ganha!

Coleção – Zibia Gasparetto no teatro

Esmeralda
Laços eternos
Ninguém é de ninguém

O advogado de Deus
O amor venceu
O matuto

Outras categorias

Conversando Contigo!
Eles continuam entre nós vol. 1
Eles continuam entre nós vol. 2
Eu comigo!
Pensamentos vol. 1
Pensamentos vol. 2

Momentos de inspiração
Recados de Zibia Gasparetto
Reflexões diárias
Vá em frente!
Grandes frases

Sucessos
Editora Vida & Consciência

Amadeu Ribeiro

A visita da verdade
Juntos na eternidade
O amor não tem limites
O amor nunca diz adeus
O preço da conquista

Reencontros
Segredos que a vida oculta vol.1
A beleza e seus mistérios vol.2
Amores escondidos vol. 3

Ana Cristina Vargas
pelos espíritos Layla e José Antônio

A morte é uma farsa
Em busca de uma nova vida
Em tempos de liberdade
Encontrando a paz
Ídolos de barro

Intensa como o mar
Loucuras da alma
O bispo
O quarto crescente
Sinfonia da alma

André Ariel

Além do proibido
Em um mar de emoções
Eu sou assim
Surpresas da vida

Carlos Henrique de Oliveira

Ninguém foge da vida
Tudo é possível

Carlos Torres

A mão amiga
Querido Joseph (pelos espírito Jon)
Uma razão para viver

Cristina Cimminiello
O segredo do anjo de pedra

Eduardo França
A escolha
A força do perdão
Do fundo do coração
Enfim, a felicidade
Vestindo a verdade
Vidas entrelaçadas

Evaldo Ribeiro
Aprendendo a receber
Eu creio em mim
O amor abre todas as portas (pelo espírito Maruna Martins)

Flávio Lopes
A vida em duas cores
Uma outra história de amor

Floriano Serra
A grande mudança
A outra face
Ninguém tira o que é seu
Nunca é tarde
O mistério do reencontro
Quando menos se espera...

Gilvanize Balbino
De volta pra vida (pelo espírito Saul)
Horizonte das cotovias (pelo espírito Ferdinando)
O homem que viveu demais (pelo espírito Pedro)
O símbolo da vida (pelos espíritos Ferdinando e Bernard)

Leonardo Rásica
Celeste - no caminho da verdade

Lucimara Gallicia
pelo espírito Moacyr

O que faço de mim?
Sem medo do amanhã

Lúcio Morigi

O cientista de hoje

Marcelo Cezar
pelo espírito Marco Aurélio

Acorde pra vida!
A última chance
A vida sempre vence
Coragem para viver
Ela só queria casar...
Medo de amar
Nada é como parece
Nunca estamos sós
O amor é para os fortes
O preço da paz
O próximo passo
O que importa é o amor
Para sempre comigo
Só Deus sabe
Treze almas
Tudo tem um porquê
Um sopro de ternura
Você faz o amanhã

Márcio Fiorillo

Nas esquinas da vida

Maura de Albanesi
pelo espírito Joseph

O guardião do Sétimo Portal
Coleção Tô a fim

Meire Campezzi Marques
pelo espírito Thomas

A felicidade é uma escolha
Cada um é o que é

Mônica de Castro
pelo espírito Leonel

A força do destino
A atriz
Apesar de tudo...
Até que a vida os separe
Com o amor não se brinca
De frente com a verdade
De todo o meu ser
Desejo – Até onde ele pode te levar? (pelos espíritos Daniela e Leonel)
Gêmeas
Giselle – A amante do inquisidor
Greta
Impulsos do coração
Jurema das matas
Lembranças que o vento traz
O preço de ser diferente
Segredos da alma
Sentindo na própria pele
Só por amor
Uma história de ontem
Virando o jogo

Rose Elizabeth Mello

Como esquecer
Desafiando o destino
Os amores de uma vida
Verdadeiros Laços

Sérgio Chimatti
pelo espírito Anele

Apesar de parecer... Ele não está só
Ecos do passado
Lado a lado
Os protegidos
Um amor de quatro patas

Conheça mais sobre espiritualidade com outros sucessos.

 vidaeconsciencia.com.br  /vidaeconsciencia  @vidaeconsciencia

ZIBIA GASPARETTO
Eu comigo!

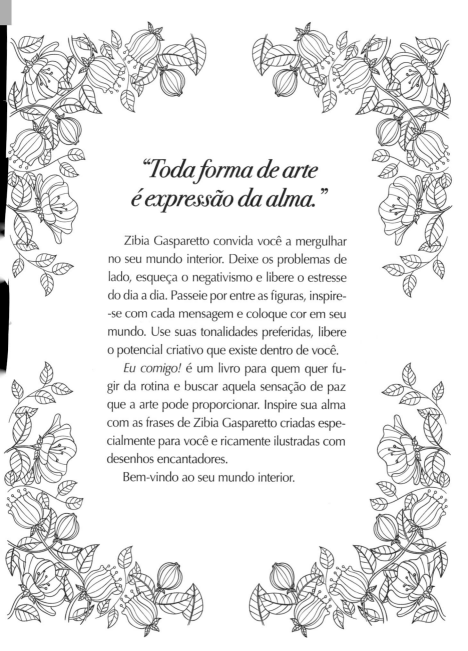

"Toda forma de arte é expressão da alma."

Zibia Gasparetto convida você a mergulhar no seu mundo interior. Deixe os problemas de lado, esqueça o negativismo e libere o estresse do dia a dia. Passeie por entre as figuras, inspire-se com cada mensagem e coloque cor em seu mundo. Use suas tonalidades preferidas, libere o potencial criativo que existe dentro de você.

Eu comigo! é um livro para quem quer fugir da rotina e buscar aquela sensação de paz que a arte pode proporcionar. Inspire sua alma com as frases de Zibia Gasparetto criadas especialmente para você e ricamente ilustradas com desenhos encantadores.

Bem-vindo ao seu mundo interior.

www.vidaeconsciencia.com.br

Rua Agostinho Gomes, 2.312 – SP
55 11 3577-3200

contato@vidaeconsciencia.com.br
www.vidaeconsciencia.com.br